cycle 4

4e

Le Cahier du citoyen

ENSEIGNEMENT MORAL ET CIVIQUE

Aurélien Cador
Certifié d'histoire et géographie
Formateur académique
Collège des Collines à Chirens (Isère)

Jeanne Cador
Certifiée d'histoire et géographie
Référente numérique
Collège Plan-Menu à Coublevie (Isère)

Année scolaire 20_____ - 20_____ Classe : 4e _____

Collège : ______________________________

Ce cahier appartient à : ______________________________

Adresse : ______________________________

hachette
ÉDUCATION
Les enseignants sont nos auteurs

Sommaire

Je suis sensible à une situation :

La liberté inspire les artistes

ACTIVITÉ A Une expression artistique de la Liberté

☐ 3/a- Comprendre la diversité des sentiments culturels.

DOC. 1 Une allégorie* de la Liberté

Eugène Delacroix, *La Liberté guidant le peuple*, 1830, huile sur toile, 260 x 325 cm, musée du Louvre, Paris.

Questions

1 DOC. 1 Complétez le tableau ci-dessous.

	Les personnages	Description des personnages
Premier plan	Les deux soldats tués	....
	Un mort à moitié nu	....
Second plan	La femme	....
	L'enfant	....
	La foule des insurgés	....

2 DOC. 1 Expliquez le titre du tableau.

....

ACTIVITÉ B Une expression littéraire de la Liberté

3/a Comprendre la diversité des sentiments culturels.

DOC. 2 Un personnage de Victor Hugo inspiré par le tableau de Delacroix

Gavroche est un enfant sur une barricade. Il décide de récupérer des balles sur les cadavres pour les distribuer aux révolutionnaires.

Au moment où Gavroche débarrassait de ses cartouches un sergent gisant près d'une borne, une balle frappa le cadavre. « Fichtre, dit Gavroche, Voilà qu'on me tue mes morts. » […]

Il se redressa tout droit, debout, les cheveux au vent, les mains sur les hanches, l'œil fixé sur les gardes nationaux qui tiraient et il chanta :

On est laid à Nanterre,
C'est la faute à Voltaire,
Et bête à Palaiseau,
C'est la faute à Rousseau.

[…] Le spectacle était épouvantable et charmant. Gavroche fusillé, taquinait la fusillade. Il avait l'air de s'amuser beaucoup. C'était le moineau becquetant les chasseurs.

Il répondait à chaque décharge par un couplet. On le visait sans cesse, on le manquait toujours. […] Une balle pourtant, mieux ajustée ou plus traître que les autres, finit par atteindre l'enfant feu follet. On vit Gavroche chanceler, puis il s'affaissa […] un long filet de sang rayait son visage, il éleva ses deux bras en l'air, regarda du côté d'où était venu le coup, et se mit à chanter :

Je suis tombé par terre,
C'est la faute à Voltaire,
Le nez dans le ruisseau,
C'est la faute à…

Il n'acheva point. Une seconde balle du même tireur l'arrêta court. Cette fois il s'abattit la face contre le pavé et ne remua plus. Cette petite grande âme venait de s'envoler.

Victor Hugo, *Les Misérables*, 1862, part. V, livre I, ch. xv

Gustave Brion, *Gavroche tombant sous les balles au pied de la barricade*, XIXe siècle, collection privée

Questions

1. DOC. 1 et 2 À votre avis, quel personnage du tableau a pu inspirer Victor Hugo pour son livre ?

....

2. DOC. 2 Soulignez en **rouge** les passages qui montrent le courage et l'insolence de Gavroche.

3. DOC. 2 Pourquoi peut-on dire que Gavroche symbolise la lutte pour la liberté ?

....

....

4. Selon vous, quel autre personnage pourrait symboliser la lutte pour la liberté ?

....

Vocabulaire

* **Allégorie** : une figure féminine représentant une idée.
* **Barricade** : barrage constitué d'objets divers dans le cadre d'un combat de rue.

Je rédige

1/a- Exprimer des sentiments moraux.

À l'aide des informations trouvées dans les activités A et B, exprimez-vous sur la lutte des Parisiens pour gagner leur liberté.

Je comprends les règles :

La conquête des libertés et des droits fondamentaux

ACTIVITÉ A L'abolition de l'esclavage en France

2/a- Définir les principaux éléments des grandes Déclarations des droits de l'homme.

DOC. 1 La révolte des esclaves noirs en 1792

Nous sommes Noirs, il est vrai, mais dîtes-nous, Messieurs, quelle est cette loi qui dit que l'homme noir doit appartenir et être une propriété de l'homme blanc ? […] Avez-vous oublié que vous avez juré la Déclaration des droits de l'homme qui dit que les hommes naissent libres et égaux en droit ? […] Voilà, Messieurs, la demande des hommes qui sont vos semblables et voilà leur dernière résolution et qu'ils sont résolus de vivre libres ou mourir.

Biassou, Jean-François et Belair, chefs des insurgés nègres de Saint-Domingue, *Avis à la souveraineté du peuple*, 1792

DOC. 2 L'abolition de l'esclavage par la République française en 1848

François Biard, *L'Abolition de l'esclavage (27 avril 1848)*, 1849, huile sur toile, 261 x 391 cm, musée du château de Versailles.

DOC. 3 Un crime contre l'humanité reconnu par la France en 2001

Article 1er : La République française reconnaît que la traite négrière* transatlantique ainsi que la traite dans l'océan Indien d'une part, et l'esclavage d'autre part, perpétrés à partir du XVe siècle, aux Amériques et aux Caraïbes, dans l'océan Indien et en Europe contre les populations africaines, amérindiennes, malgaches et indiennes constituent un crime contre l'humanité.

Loi du 21 mai 2001

Questions

1 **DOC. 1** Au nom de quel principe les insurgés de Saint-Domingue refusent-ils l'esclavage ?

....

2 **DOC. 1** Comment les esclaves de Saint-Domingue ont-ils gagné leur liberté ?

....

....

3 **DOC. 2** Entourez en rouge sur le tableau les groupes de personnages et nommez-les.

....

....

4 **DOC. 1, 2 et 3** Comment a évolué l'attitude de la France face à l'esclavage entre le XVe et le XXIe siècle ?

....

....

....

ACTIVITÉ B La place de l'enfant dans l'histoire

2/a- Le statut juridique de l'enfant.

DOC. 4 Un statut qui s'améliore très progressivement

« Enfant », qui vient du latin *infans*, signifie chez les Romains « celui qui ne parle pas ». Ainsi, les nourrissons se retrouvent bâillonnés dans du linge pour qu'ils ne bougent pas. L'éducation, à cette époque, applique une logique de dressage des enfants.

Au contraire, au Moyen Âge, l'enfant est considéré comme un petit homme. L'enfant ne bénéficie pas de protection ou de droit spécifique et rentre très rapidement dans le monde du travail. Un respect et une véritable soumission sont exigés de l'enfant. Avec la révolution industrielle, les enfants se retrouvent exploités dans les mines ou les ateliers quinze heures par jour, pour une rémunération quatre fois moins importante que celle d'un homme. Ce n'est qu'au milieu du XIXe qu'apparaît une première législation de protection de l'enfant au travail. Le XXe siècle sera le siècle des droits de l'enfant.

D'après le site www.enfance-et-partage.org

DOC. 5 Des droits récents

1841 : Travail des enfants interdit aux moins de 8 ans.
1874 : Travail des enfants interdit aux moins de 12 ans et sous terre.
1946 : Création de l'Unicef*.
1989 : Convention internationale des droits de l'enfant.
2000 : Textes de loi contre le trafic et la prostitution des enfants.
2014 : Prix Nobel de la paix attribué à Malala Yousafzaï pour son combat pour le droit de tous les enfants à l'éducation.

D'après le site www.unicef.fr

Malala Yousafzaï le 10 décembre 2014.

Questions

1 DOC. 4 et 5 Complétez le tableau en indiquant comment l'enfant est considéré à chaque époque.

Dans l'Antiquité	....
Au Moyen Âge	....
Pendant la révolution industrielle	....
Depuis le milieu du XIXe siècle	....

2 DOC. 5 Pourquoi peut-on dire que le combat pour les droits de l'enfant continue aujourd'hui ?

....

Je rédige

2. Comprendre les principes et les valeurs des sociétés démocratiques.

À l'aide des informations trouvées dans les activités A et B, montrez que les lois ont permis la conquête des libertés et des droits.

Vocabulaire

* **Traite négrière :** commerce des Noirs que l'on vendait comme esclaves.
* **Unicef :** organisme international chargé notamment du respect des droits de l'enfant.

Je débats :

Les adolescents devraient-ils avoir les mêmes droits que les adultes ?

ACTIVITÉ A Je prépare le débat

2/b- Comprendre que la liberté et l'égalité peuvent entrer en tension.

DOC. 1 Extrait du règlement intérieur du collège Pierre-Mendès-France

Article 1er : Les droits

1.1. Exercice des droits d'expression et de réunion

La liberté d'expression des élèves s'exerce par l'intermédiaire des délégués, auprès du chef d'établissement et du conseil d'administration. Les délégués peuvent se réunir en dehors des heures de cours pour l'exercice de leur fonction.

1.2. Droit d'être protégé

Les adultes et les élèves ont le droit et le devoir d'être protégés contre toute agression physique et morale. Ils ont droit au respect de leur intégrité physique, de leur liberté de conscience.

Article 6 : Les aides

6.1. Assistante sociale

Les élèves ou leurs représentants légaux peuvent rencontrer l'assistant(e) social(e) pour tout problème risquant de perturber le bon déroulement de la scolarité de l'élève.

6.2. Les fonds sociaux

Ils sont destinés à aider les familles qui éprouvent des difficultés financières.

http://clg-arques.etab.ac-lille.fr

DOC. 2 Extrait du préambule de la Constitution de 1946

Alinéa 13 : La Nation garantit l'égal accès de l'enfant et de l'adulte à l'instruction, à la formation professionnelle et à la culture. L'organisation de l'enseignement public gratuit et laïque à tous les degrés est un devoir de l'État.

Questions

1 DOC. 1, 2 et règlement intérieur de votre collège Complétez le tableau ci-dessous.

	Je suis adolescent(e), j'ai des libertés et des droits. Lesquels ?
Doc. 1	
Doc. 2	
Règlement intérieur de mon collège	

2 D'après vos connaissances et vos recherches, mettez une croix dans la bonne colonne.

	Je peux exercer ce droit/cette liberté en tant qu'adolescent(e)	Je dois être adulte pour exercer ce droit/cette liberté
Voyager seul		
Voter aux élections		
Acheter des cigarettes ou de l'alcool		
Créer un blog		
Conduire seul une voiture		
Conduire un scooter		
Avoir une carte bancaire		
Aller à un concert		

3 Pourquoi, selon vous, les adolescents n'ont-ils pas les mêmes droits que les adultes ?

....

....

ACTIVITÉ B Je participe au débat

☐ 1/a- Distinguer une inégalité d'une discrimination.

Méthode

- **a** En utilisant les réponses de l'activité A, la classe débat du sujet.
- **b** Je note toutes les idées du débat dans les deux fiches ci-contre.
- **c** J'entoure les arguments qui me semblent les plus intéressants.

« Les adolescents devraient-ils avoir les mêmes droits que les adultes ? »

Oui, les adolescents devraient avoir les mêmes droits que les adultes, **car**

....

Non, il faut être adulte pour pouvoir exercer certains droits, **car**

....

Tu peux aller vérifier tes réponses sur le site www.defenseurdesdroits.fr, rubrique « Défense des droits de l'enfant », puis « Questions/Réponses ».

Je fais le bilan

☐ 1. Développer les aptitudes à la réflexion critique.

À partir des notes prises pendant le débat, résumez votre point de vue sur le sujet.

Je passe à l'action :
Je réalise une affiche sur une liberté

ACTIVITÉ A Je découvre des affiches d'élèves

2/a- Expliquer le sens et l'importance de l'engagement.

DOC. 1 L'affiche d'un élève du collège Robert-Lasneau à Grisolles

DOC. 2 L'affiche d'un élève du collège Jean-Rostand à Saint-Sulpice-Laurière

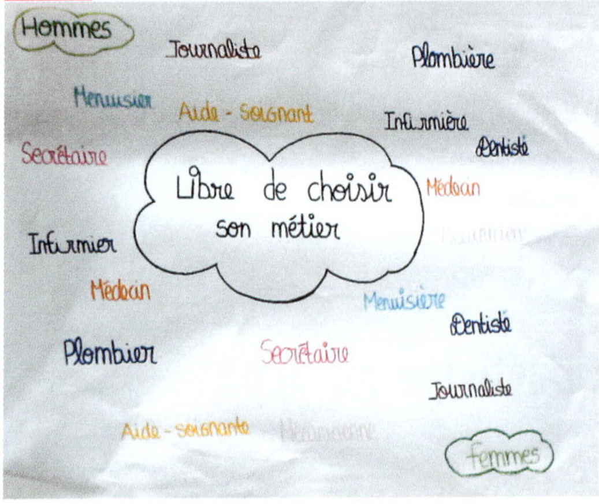

Questions

1 DOC. 1 et 2 Complétez le tableau ci-dessous.

	Doc. 1	Doc. 2
Liberté représentée	....	....
Idées à reprendre pour mon affiche	....	....
Autres idées possibles pour mon affiche	....	....

ACTIVITÉ B Je choisis une liberté

2. Développer une conscience citoyenne.

Je cherche des libertés ou des droits de la personne.

Méthode

a Je place les libertés et droits trouvés dans le schéma ci-contre.

b Seul(e) ou avec un(e) camarade, je choisis une liberté que je souhaite étudier et présenter.

c Seul(e) ou avec un(e) camarade, je place la liberté que j'ai choisie au centre du schéma.

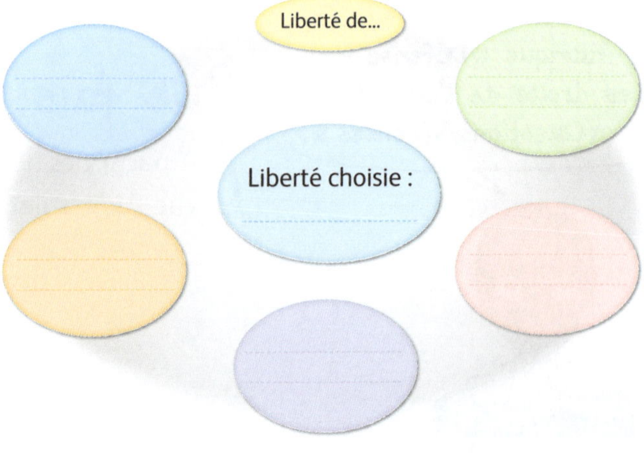

ACTIVITÉ C J'étudie une liberté

2/a- Expliquer le sens et l'importance de l'engagement.

Je complète le tableau ci-dessous avant de réaliser mon affiche.

Méthode

a Sur une feuille, je fais le brouillon de ma future affiche.

b Je prévois des titres, des cadres pour les informations, des illustrations (dessins ou photographies).

c Quand mon brouillon est terminé, je prends une feuille A3 et je réalise mon affiche.

Liberté de	Une liberté que l'on peut exercer	Une liberté limitée
Dans ma vie quotidienne	Je peux	Mais ....
Dans mon collège	Je peux	Mais ....
En France	On peut	Mais ....
Dans le monde	On peut	Mais ....

Je fais le bilan du thème 1

À l'aide de l'ensemble des informations des **pages 4 à 11**, je complète le schéma ci-dessous en notant les éléments à retenir (*idées principales, dates, mots importants*).

Les libertés et les droits de la personne

- La sensibilité (p. 4-5) → **La liberté inspire les artistes**
  - Eugène Delacroix : La liberté guidant le peuple
  - Victor Hugo : ....
- Le droit et la règle (p. 6-7) → **La conquête des libertés et des droits fondamentaux**
  - L'abolition de l'esclavage : ....
  - Les droits de l'enfant : ....
- Le jugement (p. 8-9) → **Les adolescents devraient-ils avoir les mêmes droits que les adultes ?**
  - Oui, car ....
  - Non, car ....
- L'engagement (p. 10-11) → **Je réalise une affiche sur une liberté**
  - Exercer une liberté : ....
  - Les limites : ....

Je suis sensible à une situation :

La laïcité à l'école en France

3/a- Comprendre la diversité des sentiments religieux.

ACTIVITÉ A Une exception à la laïcité française en Alsace et en Moselle

DOC. 1 Des tableaux religieux sur la façade d'une école à Drusenheim

Le 9 décembre au matin, conduisant son enfant à l'école, un habitant de Drusenheim découvre avec stupeur que la façade du bâtiment est tapissée de dix reproductions de tableaux religieux, de très grand format. L'exposition se prolonge sur l'église attenante par deux affiches supplémentaires, ce qui crée une unité physique et symbolique particulièrement forte entre un lieu de culte et un établissement public.

La neutralité en matière de religion est un principe que doivent respecter les administrations publiques. Le parent d'élève demande donc au maire que les affiches soient retirées. Il saisit également le médiateur de l'académie[1], lequel s'estime incompétent dans une telle affaire : « Il n'y a pas lieu de s'émouvoir de ces affiches. Il y a des croix dans les salles de classe, des cours de religion. C'est le droit local. » De son côté, le maire fait valoir la dimension artistique de l'exposition.

D'après Pascal Maillard, sur le site www.mediapart.fr, 25 décembre 2013

1. Personne qui aide à résoudre les conflits avec les établissements scolaires.

DOC. 2 Une exception historique à la laïcité

Une heure de religion (soit catholique, soit protestante, soit israélite) est inscrite dans les emplois du temps de l'école publique, du CP à la terminale, en Alsace et en Moselle. Hérité de l'annexion allemande, durant laquelle ces trois départements ne se sont pas vu appliquer les lois de Jules Ferry sur la laïcité, ce point du droit local n'a jamais intégré le culte musulman.

Au collège et au lycée, ce cours est ouvert sur les autres confessions, et laisse une grande place à la discussion. Ce cours a cependant ses opposants. Ils réclament une séparation plus claire entre l'Église et l'État. Il arrive aussi que des enseignants présentent Jésus-Christ comme un modèle à suivre, et distribuent des invitations aux fêtes et célébrations de la paroisse.

D'après Élise Descamps, dans le journal *La Croix*, 26 janvier 2015

Questions

1 DOC. 1 Soulignez en rouge le principe mis en avant par le parent d'élève pour demander que les tableaux religieux soient retirés.

2 DOC. 1 Quelles explications donnent les pouvoirs publics ?

....

....

3 DOC. 2 Soulignez en bleu dans le texte les problèmes qui peuvent se poser dans les écoles publiques d'Alsace et de Moselle.

4 DOC. 1 et 2 Pourquoi ces cours de religion ne concernent-ils pas le reste de la France ?

....

....

ACTIVITÉ B Qu'est-ce que la laïcité ?

3/a- Comprendre la diversité des sentiments civiques.

DOC. 3 La laïcité définie par les élèves du collège Jean-Lacaze à Grisolles

« La laïcité, c'est la liberté et l'égalité des droits pour tous. C'est la tolérance*. » (Lorick)
« La laïcité assure à tous les élèves l'accès à une culture commune et partagée. » (Tom et Margaux)
« La laïcité, c'est le respect d'autrui, c'est la liberté d'expression. C'est la tolérance… les droits de l'homme et de l'enfant. » (Laura)
« La laïcité, c'est le respect. Elle protège de tout prosélytisme* et de toute pression. » (Manon)
« La laïcité, c'est l'ensemble de plusieurs libertés : la liberté* d'expression, de conscience*, d'opinion. » (Lia)
« La laïcité est le respect d'autrui dans un esprit de tolérance. C'est l'esprit du vivre-ensemble. » (Lucas)

Extraits de la chanson *2014, Laisse une trace !*, écrite par les élèves de 4eA et 4eB

DOC. 4 Extrait de la lettre de Mme Pinel (ministre de l'Égalité des territoires) au collège Jean-Lacaze

« Monsieur le principal,
Mesdames et messieurs les enseignants,
Chers élèves, […]
Cette journée est devenue depuis de nombreuses années déjà, un moment important de la vie de votre établissement. Je veux remercier chacune et chacun d'entre vous pour votre investissement et le temps passé à sa préparation, qui se tient cette année le jour exact de l'anniversaire de la loi de 1905 de séparation des Églises et de l'État.

Ce combat, porté par nos illustres prédécesseurs, est un combat pour la tolérance, le progrès et le respect. Il est de notre devoir de le transmettre aux générations futures.

La loi que nous célébrons aujourd'hui pose le principe de la liberté des consciences et des cultes ainsi que l'impératif de stricte délimitation entre sphère publique totalement neutre et la sphère privée où peut s'exprimer la liberté des individus.

La laïcité républicaine est la garantie de cette liberté.

En protégeant l'exercice libre des cultes et en n'en favorisant aucun, la loi de la République protège ainsi le libre choix de chaque individu. »

Questions

1. DOC. 3 Entourez la définition de la laïcité qui vous paraît la plus juste et expliquez votre choix.

……………………………………………………………………………………………………

2. DOC. 4 Quel événement est célébré lors de la journée de la laïcité ?

……………………………………………………………………………………………………

3. DOC. 3 et 4 Soulignez en rouge ce que la laïcité empêche, en bleu ce qu'elle garantit.

Vocabulaire

* **Tolérance** : fait de respecter la liberté et les opinions des autres.
* **Prosélytisme** : volonté d'imposer ses idées aux autres.
* **Liberté de conscience** : droit de choisir librement sa religion.

Je rédige

1/a- Exprimer des sentiments moraux.

À l'aide des informations trouvées dans les activités A et B, donnez votre définition de la laïcité et expliquez-la.

Thème 2

Je comprends les règles

Une école et un État devenus laïques

Activité A Une laïcité qui s'est imposée progressivement en France

☐ 2. Comprendre les principes et les valeurs de la République française.

DOC. 1 Une école devenue laïque

a) **Article 2 :** Les écoles primaires publiques vaqueront un jour par semaine, en outre du dimanche, afin de permettre aux parents de faire donner, s'ils le désirent, à leurs enfants, l'instruction religieuse en dehors des édifices scolaires. L'enseignement religieux est facultatif dans les écoles privées.

Loi Jules Ferry du 28 mars 1882 portant sur l'organisation de l'enseignement primaire

b) Dans les écoles, les collèges et les lycées publics, le port de signes ou tenues par lesquels les élèves manifestent ostensiblement* une appartenance religieuse est interdit. Le règlement intérieur rappelle que la mise en œuvre d'une procédure disciplinaire est précédée d'un dialogue avec l'élève.

Loi du 15 mars 2004

DOC. 2 Un État devenu laïque

Article 1er : La République assure la liberté de conscience. Elle garantit le libre exercice des cultes sous les seules restrictions édictées ci-après dans l'intérêt de l'ordre public.
Article 2 : La République ne reconnaît, ne salarie ni ne subventionne aucun culte.
Article 28 : Il est interdit, à l'avenir, d'élever ou d'apposer aucun signe ou emblème religieux sur les monuments publics ou en quelque emplacement public que ce soit, à l'exception des édifices servant au culte, des terrains de sépulture dans les cimetières, des monuments funéraires, ainsi que des musées ou expositions.

Loi du 9 décembre 1905 concernant la séparation des Églises et de l'État

Questions

1 DOC. 1 Pourquoi y a-t-il des jours de repos dans la semaine de classe depuis 1882 ?

....

....

....

....

2 DOC. 1 et 2 Soulignez en rouge ce que la laïcité autorise.

3 DOC. 1 et 2 Soulignez en bleu ce que la laïcité interdit.

4 DOC. 3 Comment est représentée la séparation entre l'Église et l'État ?

....

....

5 DOC. 1, 2 et 3 Quelle est, pour vous, la principale étape de la laïcité en France ? Justifiez votre choix.

....

....

....

DOC. 3 La séparation de l'Église et de l'État

LA SÉPARATION

ACTIVITÉ B La Charte* de la laïcité à l'école

2. Comprendre les principes et les valeurs de la République française.

DOC. 4 La place de la Charte à l'école

Dans les écoles et les établissements d'enseignement du second degré publics, il est demandé de procéder à un affichage visible de la Charte de la laïcité à l'école. […] Il est recommandé de joindre la Charte de la laïcité à l'école au règlement intérieur.

Circulaire du ministre de l'Éducation nationale, le 6 septembre 2013

DOC. 5 Extraits de la Charte de la laïcité

2 La République laïque organise **la séparation des religions et de l'État.** L'État est neutre à l'égard des convictions religieuses ou spirituelles. Il n'y a pas de religion d'État.

6 La laïcité de l'École offre aux élèves les conditions pour forger leur personnalité, exercer leur libre arbitre et faire l'apprentissage de la citoyenneté. **Elle les protège de tout prosélytisme et de toute pression** qui les empêcheraient de faire leurs propres choix.

3 La laïcité garantit **la liberté de conscience** à tous. **Chacun est libre de croire ou de ne pas croire.** Elle permet la libre expression de ses convictions, dans le respect de celles d'autrui et dans les limites de l'ordre public.

11 **Les personnels ont un devoir de stricte neutralité** : ils ne doivent pas manifester leurs convictions politiques ou religieuses dans l'exercice de leurs fonctions.

Questions

1. DOC. 4 Où est affichée la Charte de la laïcité dans votre établissement ?

....

2. DOC. 5 Expliquez les articles 3 et 11 en les réécrivant ci-dessous avec vos propres mots.

Article 3 : ....

....

Article 11 : ....

....

3. DOC. 4 et 5 Pourquoi peut-on dire que ces règles sont faites pour garantir la liberté de chacun ?

....

....

Je rédige

1. Comprendre les raisons de l'obéissance aux règles et à la loi.

À l'aide des informations trouvées dans les activités A et B, expliquez ce que la laïcité autorise et interdit dans les collèges.

Vocabulaire

* **Ostensiblement** : de manière visible.
* **Charte** : ensemble de règles et de principes importants.

Thème 2

Je réfléchis avec ma classe :
Comment représenter la laïcité ?

ACTIVITÉ A
Je réfléchis au sujet

1/b- Comprendre les enjeux de la laïcité.

DOC. 1 Une fresque sous le préau du collège Jean-Lacaze à Grisolles

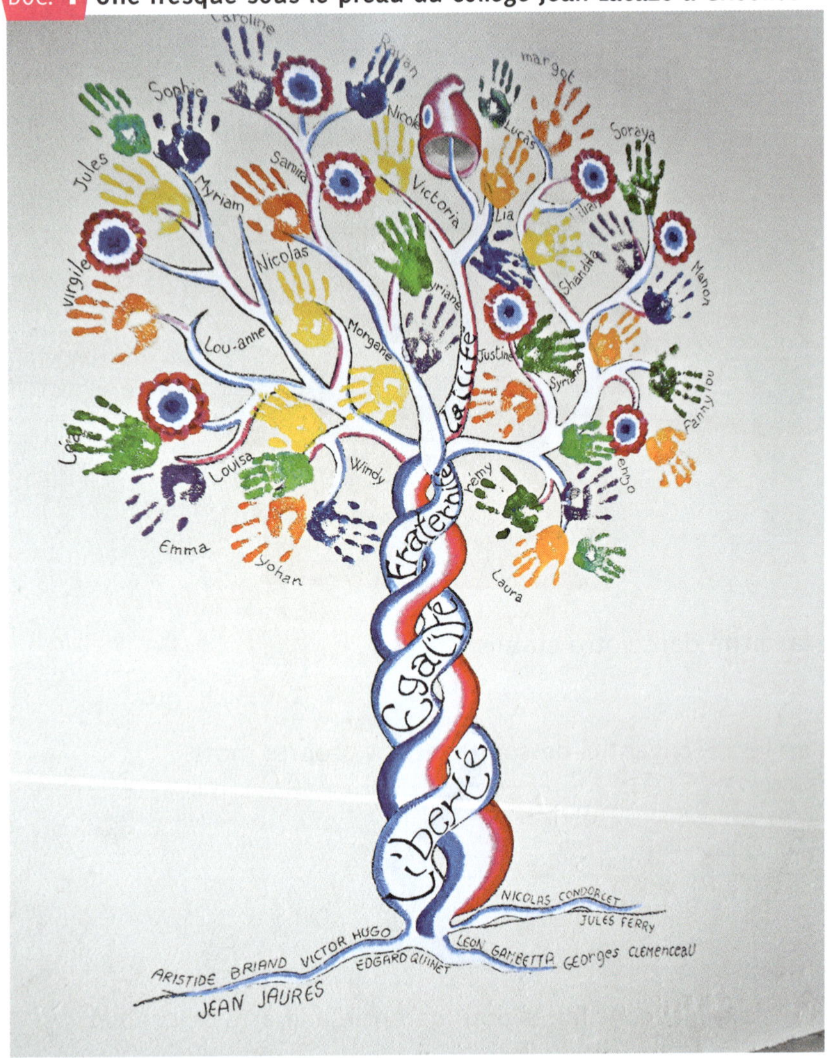

DOC. 2 Témoignage d'élèves du collège

« La fresque représente la laïcité, quand on l'a dévoilée, on avait l'impression d'inaugurer la laïcité au collège et que l'arbre poussait sous nos yeux. Sur cet arbre, au sommet, il y a un bonnet phrygien* et des cocardes* sur les branches. Dans les racines de l'arbre, il y a les personnes importantes de la laïcité. »

Amandine et Fannylou 4eA

DOC. 3 Un essai proposé par un élève

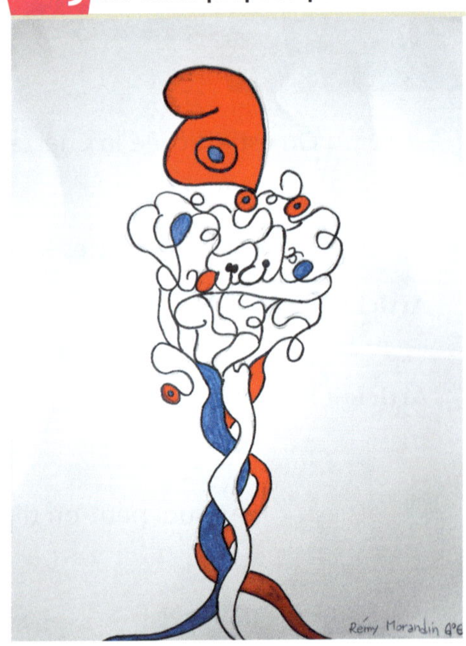

Questions

1. **DOC. 1 à 3** Comment est représentée la laïcité ?

....

2. **DOC. 1 à 3** Classez tous les symboles de cette fresque dans le tableau ci-dessous.

Symboles de la République	Symboles de la laïcité
....	....
....	....
....	....
....	....

3 **DOC. 1 et 2** À votre avis, pourquoi les élèves de ce collège ont-ils choisi de représenter la laïcité sous la forme d'un arbre ?

....

4 À votre tour, dessinez votre vision de la laïcité dans le cadre ci-dessous.

5 Avec la classe, mettez en commun les différentes idées pour représenter la laïcité.

ACTIVITÉ B La classe réfléchit au sujet

1. Développer les aptitudes à la réflexion critique.

« Comment représenter la laïcité ? »

Je fais le bilan

Avec l'ensemble de la classe, rédigez une réponse commune à la question posée ci-dessus.

Vocabulaire

* **Bonnet phrygien :** coiffure des esclaves affranchis dans l'Empire romain. Lors de la Révolution française, il symbolise la conquête de la liberté.
* **Cocarde :** insigne circulaire tricolore porté par les partisans de la Révolution française de 1789.

Thème 2

Je passe à l'action :
Je réalise un projet pour la journée du 9 décembre

ACTIVITÉ A Je m'inspire d'actions en faveur de la laïcité

2/a- Expliquer le sens et l'importance de l'engagement.

DOC. 1 Une action au collège Maurice-Calmel à Marans

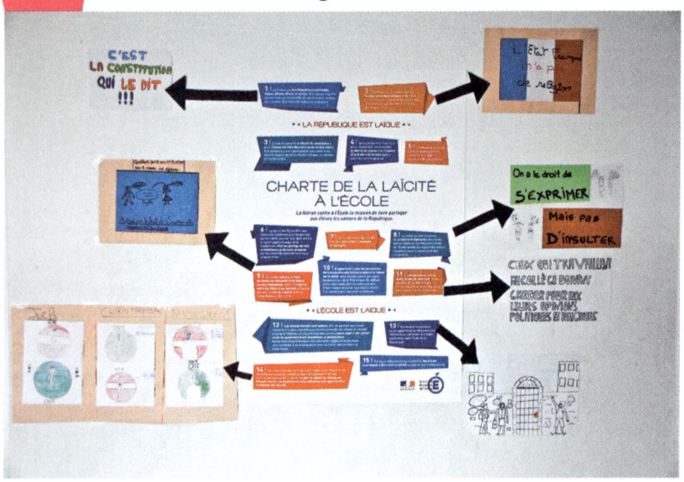

DOC. 2 Une action à Bram

Questions

1 **DOC. 1 et 2** Indiquez dans le tableau ci-dessous quelles actions ont été menées dans ces établissements scolaires pour la journée de la laïcité du 9 décembre.

Doc. 1	Doc. 2
....	....

ACTIVITÉ B Je recherche d'autres idées d'actions avec ma classe

2/a- Expliquer le sens et l'importance de l'engagement.

Avec ma classe, je cherche des idées d'actions et je complète le schéma ci-contre.

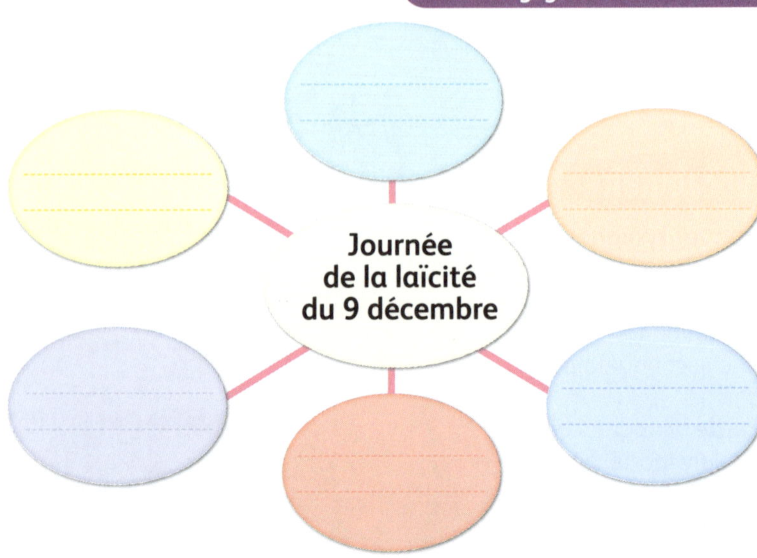

Méthode

a Nous votons pour choisir les meilleures idées.

b J'entoure sur le schéma la ou les actions qui ont été choisies par la classe.

ACTIVITÉ C Je mets en place une action dans mon collège

1. S'engager et assumer des responsabilités.

Méthode

a Nous nous répartissons en différents groupes de travail.

b Chaque groupe complète la fiche de présentation ci-contre.

c Nous présentons une synthèse à l'ensemble de la classe.

	Titre de notre action
	....
Matière(s) concernée(s) par notre action :	....
Enseignant responsable :	....
Rôles des élèves pour organiser cette action :	....
Matériel dont nous avons besoin :	....
Personnes à contacter/inviter :	....
Ce que nous devons faire pour rendre visible notre action :	....

Je fais le bilan du thème 2

À l'aide de l'ensemble des informations des **pages 12 à 19**, je complète le schéma ci-dessous en notant les éléments à retenir (*idées principales, dates, mots importants*).

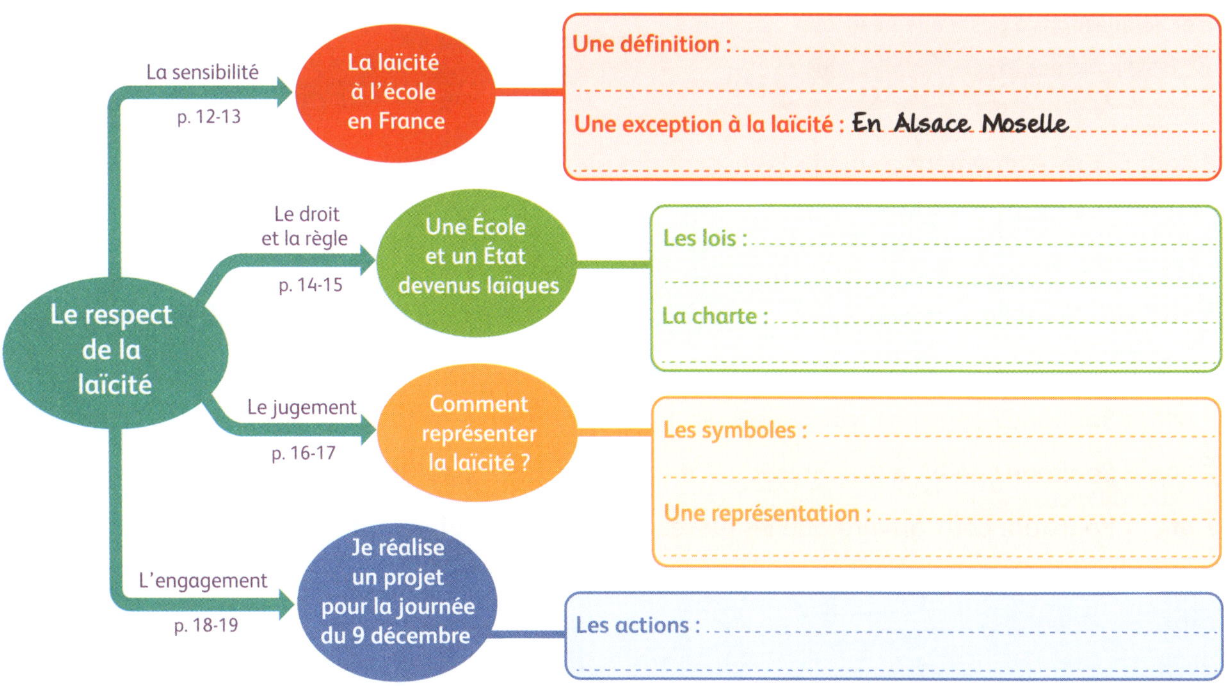

Je suis sensible à une situation :
Des atteintes à la liberté d'expression

ACTIVITÉ A L'attentat contre *Charlie Hebdo* (7 janvier 2015)

3. Se sentir membre d'une collectivité.

DOC. 1 La Une du journal d'un collège : *Le P'tit Braillard*

Nous sommes Charlie au collège Louis-Braille

Ce matin du 8 janvier 2015,la plupart d'entre nous sont arrivés au collège habillés en noir avec un *C* sur la main gauche en hommage aux personnes décédées hier matin à Paris : ces journalistes de Charlie Hebdo tués hier par deux terroristes .

Dessin par Na! Le 7/01/2015

Ce matin,après la sonnerie tous les professeurs sont sortis, eux aussi pour la plupart, vêtus de sombre. Notre proviseure nous a expliqué, comme elle le pouvait, le drame d'hier. En première heure nous en avons longuement discuté et certains même ont pleuré sans se cacher. Cette abomination nous a tous bouleversés mais presque toute la classe a dit ce qu'elle ressentait. Nous avions tant de choses à dire et de questions à poser que beaucoup d'élèves de la classe ont parlé plusieurs fois. On a écrit beaucoup d'hommages à Charlie comme : *Je suis Charlie ! C.H. Charlie 7/1/15*.
Alors ne les oubliez pas, gravez cette date du 7/1/15 dans votre mémoire, même si ça vous rend triste d'y penser il serait mal pour eux de les oublier ainsi.
Toute l'équipe du journal et ceux qui ont participé aux hommages

Elsa et Camille 6°

A voir!

L'expo de dessins réalisés par les élèves.

R.D.V au CDI ou sur le blog du *P'tit Br@ill@rd*

Leptitbraillard.blogspot.fr

Il faut sauver l'humour

www.leptitbraillard.blogspot.fr

Tu peux te rendre sur le blog de ces élèves à l'adresse suivante www.lepetitbraillard.blogspot.fr. Tu pourras ainsi te tenir au courant de l'actualité.

Questions

1. **DOC. 1** Quel événement a suscité l'émotion des élèves du collège Louis-Braille ?

....

....

2. **DOC. 1** En quoi l'événement qui a suscité cet article a-t-il été une atteinte à la liberté d'expression ?

....

3. **DOC. 1** Soulignez en rouge les phrases qui montrent que les élèves ont manifesté leur émotion.

4. **DOC. 1** Soulignez en bleu les phrases qui montrent que les adultes ont manifesté leur émotion.

5. **DOC. 1** Pourquoi peut-on dire que les élèves de ce collège défendent leur liberté d'expression ?

....

....

....

ACTIVITÉ B

La liberté des médias dans le monde

3/a- Sentiment d'appartenance au destin commun de l'humanité.

DOC. 2 Les menaces contre les journalistes dénoncées par *Reporters sans frontières**

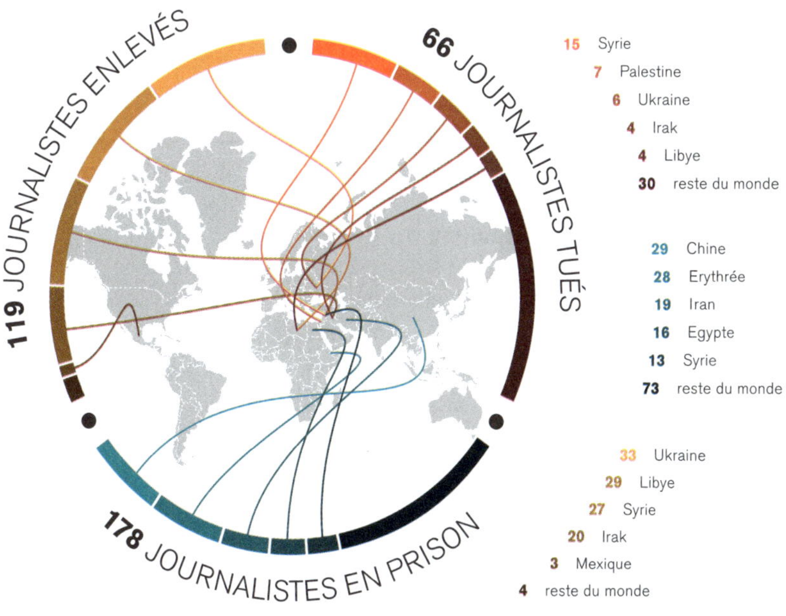

http://fr.rsf.org

DOC. 3 Une journaliste condamnée en Chine

Une cour de justice de Pékin a condamné, vendredi 17 avril, à sept ans de prison une journaliste. Gao Yu, 71 ans et déjà deux emprisonnements derrière elle, était accusée de divulgation de secrets d'État au média allemand *Deutsche Welle*. Gao Yu avait été arrêtée il y a un an. Son entourage s'était inquiété de sa disparition après qu'elle eut manqué une réunion. Lors de la première audience de son procès qui s'est ouvert le 21 novembre 2014 à Pékin, la journaliste a plaidé non coupable, récusant ainsi les aveux qui lui avaient été soutirés lors de sa détention en mai dernier. Gao Yu a déjà passé sept ans en détention.

D'après *Reporters sans frontières* et Harold Thibault, www.lemonde.fr, 17 avril 2015

Questions

1 DOC. 2 Quelles sont les trois principales menaces contre les journalistes dans le monde ?

....

2 DOC. 2 Quel pays regroupe ces trois menaces ?

....

3 DOC. 3 Soulignez en rouge l'accusation portée contre cette journaliste par le gouvernement chinois.

4 DOC. 3 Soulignez en bleu les éléments qui montrent qu'il y a une atteinte à la liberté d'expression de cette journaliste.

5 En vous aidant de l'exemple de *Reporters sans frontières*, dites comment dénoncer les violences faites aux journalistes.

....

....

Je rédige

1/a- Exprimer des sentiments moraux.

À l'aide des informations trouvées dans les activités A et B, exprimez-vous sur les menaces qui pèsent sur la liberté d'expression.

Vocabulaire

* **Reporters sans frontières (RSF) :** association d'aide aux journalistes.

Je comprends les règles :

Une liberté garantie par la loi

ACTIVITÉ A La liberté d'expression, un droit fondamental

2/a- Définir les principaux éléments des Déclarations des droits de l'homme.

DOC. 1 La liberté d'expression vue par Elsa, journaliste du *P'tit Braillard*

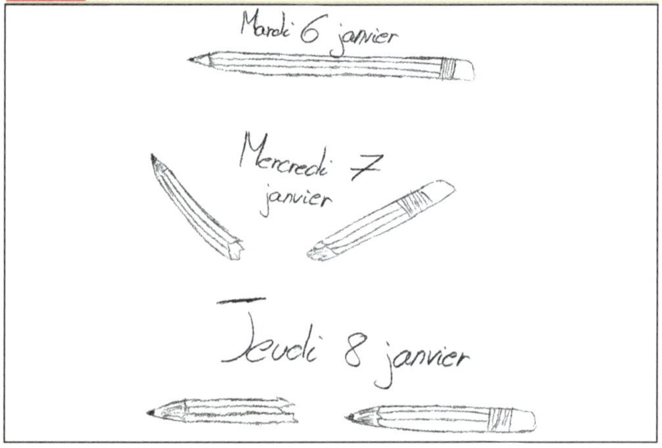

www.leptitbraillard.blogspot.fr

DOC. 2 La liberté d'expression vue par Thibaud, journaliste du *P'tit Braillard*

La liberté d'expression est l'une des premières libertés d'un État libre. C'est une liberté FONDAMENTALE autorisant tout citoyen à exprimer ses opinions (article 11 de la Déclaration des droits de l'homme et du citoyen de 1789). Cela ne veut pas dire non plus qu'on peut dire n'importe quoi, sur n'importe qui…

Mais la liberté d'expression est très importante pour le peuple, car sans opinion, ni débat, il n'y a de place que pour une pensée unique qui mène à la dictature. Dans chaque dictature, la censure* est omniprésente, la liberté n'a aucune place et pire, si l'on pense différemment : on meurt !

La liberté d'expression est une des valeurs de notre pays et tout le monde doit la respecter. Plusieurs moyens sont en place pour contester une idée, une opinion, mais tuer ne fait pas partie des moyens légaux, mais plutôt des moyens primitifs !

D'après le site www.leptitbraillard.blogspot.fr

DOC. 3 La liberté de la presse en France

Article 5 : Tout journal ou écrit périodique peut être publié, sans autorisation préalable […].

Loi du 29 juillet 1881 sur la liberté de la presse

Questions

1. **DOC. 1** Quel message veut faire passer Elsa avec ce dessin ?

……………………………………………………………………………………………………

……………………………………………………………………………………………………

……………………………………………………………………………………………………

2. **DOC. 2** Comment Thibaud définit-il la liberté d'expression ?

……………………………………………………………………………………………………

……………………………………………………………………………………………………

3. **DOC. 2** Pourquoi cette liberté est-elle importante selon lui ?

……………………………………………………………………………………………………

……………………………………………………………………………………………………

……………………………………………………………………………………………………

4. **DOC. 2 et 3** Quels textes importants garantissent la liberté d'expression en France ?

……………………………………………………………………………………………………

……………………………………………………………………………………………………

……………………………………………………………………………………………………

ACTIVITÉ B Droits et devoirs des journalistes

2/a- Définir les principaux éléments des Déclarations des droits de l'homme.

DOC. 4 Un droit fondamental garanti par la loi

Article 11 : La libre communication des pensées et des opinions est un des droits les plus précieux de l'homme ; tout citoyen peut donc parler, écrire, imprimer librement, sauf à répondre de l'abus de cette liberté dans les cas déterminés par la loi.

Déclaration des droits de l'homme et du citoyen de 1789

Article 19 : Tout individu a droit à la liberté d'opinion et d'expression, ce qui implique le droit de ne pas être inquiété pour ses opinions et celui de chercher, de recevoir et de répandre, sans considérations de frontières, les informations et les idées par quelque moyen d'expression que ce soit.

Déclaration universelle des droits de l'homme de 1948

DOC. 5 Charte rédigée par l'association Jets d'encre

Les journalistes jeunes…

1. Ont le droit à **la liberté d'expression** garantie par la Déclaration Universelle des Droits de l'Homme et la Convention Internationale sur les Droits de l'Enfant.

2. Revendiquent le **droit d'opinion** et contribuent à garantir le droit de tous à l'information.

3. Prennent la **responsabilité** de tous leurs écrits ou autres formes d'expression, signés ou non.

4. Sont ouverts à toute discussion sur leurs publications et s'engagent par souci de vérité à rectifier toute information erronée.

5. Tiennent la calomnie et le mensonge pour une faute, sans pour autant renoncer à des modes d'expression satiriques ou humoristiques.

6. Tiennent **la censure** et toute forme de pression morale ou matérielle pour des **atteintes inacceptables à la liberté d'expression,** notamment dans les établissements scolaires, socioculturels et toute autres structures d'accueil des jeunes.

www.jetsdencre.asso.fr

Questions

1 DOC. 4 et 5 Soulignez en rouge les droits des journalistes jeunes.

2 DOC. 4 et 5 Soulignez en bleu les devoirs des journalistes jeunes.

3 DOC. 5 Simplifiez chaque article et inscrivez-le dans le tableau ci-contre.

Articles	Les journalistes jeunes…
Art. 1er	…………
Art. 2	…………
Art. 3	…………
Art. 4	…………
Art. 5	…………
Art. 6	…………

Je rédige

1. Comprendre les raisons de l'obéissance aux règles et à la loi.

À l'aide des informations trouvées dans les activités A et B, montrez que la liberté d'expression est un droit qui demande le respect de règles.

Vocabulaire

* **Censure** : interdiction de publier une information.

Thème 3

Je réfléchis avec ma classe :
Pourquoi les médias utilisent-ils la caricature ?

Activité A Je réfléchis au sujet

☐ **1. Développer les aptitudes à la réflexion critique.**

DOC. 1 Sortie de l'i-Phone 6 le 11 septembre 2014

Frédéric Deligne, sur le site www.pelletant.fr

DOC. 2 Grève des pilotes d'Air France le 17 septembre 2014

Na !, sur le site www.agoravox.fr

Questions

1 **DOC. 1 et 2** Qu'est-ce qu'une caricature ?

....

2 **DOC. 1 et 2** Complétez le tableau ci-dessous.

	Doc. 1	**Doc. 2**
Thème		
Description de la scène		
Quelle est la cible de la caricature ?		
Que critique la caricature ?		

3 **DOC. 1 et 2** À votre avis, pourquoi la presse utilise-t-elle la caricature pour faire passer des messages ?

....

....

4 Avec la classe, choisissez un thème pour des caricatures (sur la presse, un événement récent dans le monde, en France ou au collège).

5 Dessinez votre caricature dans le cadre de gauche.

6 Avec la classe, complétez le cadre de droite.

Tu peux ensuite publier l'ensemble des caricatures sur le site ou le journal du collège.

Thème choisi : ....

....

Messages à faire passer : ....

....

....

Intérêt d'utiliser la caricature : ....

....

....

....

Problèmes que pose l'utilisation de la caricature : ....

....

....

....

ACTIVITÉ B La classe réfléchit au sujet

1. Développer les aptitudes à la réflexion critique.

« Pourquoi les médias utilisent-ils la caricature ? »

Tu peux proposer de noter au tableau les idées de la classe avant de passer à la rédaction.

Je fais le bilan

Avec l'ensemble de la classe, rédigez une réponse commune à la question posée ci-dessus.

Thème 3

Je passe à l'action :
Je réalise un journal de la classe

ACTIVITÉ A J'étudie un journal de collégiens

☐ 2/a- Expliquer le sens et l'importance de l'engagement.

DOC. 1 Le journal du collège Louis-Braille à Esbly

Questions

1 DOC. 1 Dans les cadres ci-dessus, indiquez quelles parties correspondent au slogan, au logo, aux rubriques, au titre du journal.

2 Que pourrait apporter la création d'un journal pour votre classe ?

………………………………………………………………………………………………

………………………………………………………………………………………………

ACTIVITÉ B Je participe à la création du journal de la classe

☐ 2/a- Expliquer le sens et l'importance de l'engagement.

Je complète les cadres en suivant la méthode ci-dessous.

Méthode

a Je cherche un titre et des rubriques pour le journal de la classe.

b Avec notre professeur, nous échangeons nos idées et nous votons pour décider du titre et des rubriques de notre journal (cinéma, jeux, actualités, collège…).

c Nous nous répartissons les rôles et les différentes rubriques du journal.

Je propose un titre : ……………………………………………

Propositions de rubriques que j'aimerais retrouver dans le journal de la classe :

……………………………………………………………………

Titre du journal retenu par la classe : ……………………………

Groupe de rédaction (mise en page et relecture) ……………………

……………………………………………………………………

Rubriques du journal	Élèves du groupe
………………………	………………………
………………………	………………………
………………………	………………………
………………………	………………………

ACTIVITÉ C

Je rédige un article pour le journal de ma classe

1/a- Expliquer le lien entre l'engagement et la responsabilité.

Je complète le cadre ci-contre pour rédiger mon article.

Méthode

a J'utilise le cadre ci-contre comme brouillon pour mon article.

b Dans le second cadre, je choisis une illustration pour accompagner mon article.

c Une fois rédigé au propre ou tapé à l'ordinateur grâce à un traitement de texte, je transmets mon travail au groupe de rédaction et à mon professeur.

Brouillon de l'article sur ....

....

....

....

....

....

Illustration de l'article

Article rédigé par .... le ....

Je fais le bilan du thème 3

À l'aide de l'ensemble des informations des **pages 20 à 27**, je complète le schéma ci-dessous en notant les éléments à retenir (*idées principales, dates, mots importants*).

La liberté des médias

- La sensibilité (p. 20-21) → **Des atteintes à la liberté d'expression**
  - Contre *Charlie Hebdo* : Attentat contre un journal
  - Dans le monde : ....
- Le droit et la règle (p. 22-23) → **Une liberté garantie par la loi**
  - La liberté d'expression : ....
  - Droits et devoirs : ....
- Le jugement (p. 24-25) → **Pourquoi les médias utilisent-ils la caricature ?**
  - Définition : ....
  - Les raisons : ....
- L'engagement (p. 26-27) → **Je réalise un journal de la classe**
  - Nom et articles : ....

Je suis sensible à une situation :
L'évolution de la justice dans l'histoire

Activité A La justice au Moyen Âge

3/a- Comprendre la diversité des sentiments sociaux.

DOC. 1 Le jugement de Dieu* au XIIe siècle

L'ordalie ou « jugement de Dieu » est une procédure de justice : un accusé est soumis à différentes épreuves dont le résultat doit indiquer s'il est coupable ou innocent. Par exemple, Charlemagne inventa l'épreuve de la croix : chaque partie impliquée est ligotée à un poteau et doit tenir le plus longtemps possible avec les bras levés à l'horizontal. Le premier qui abandonne est coupable. De là viendrait l'expression « baisser les bras ». Dans une autre épreuve, l'accusé devait porter à mains nues une barre de fer chauffée et parcourir neuf pas. Sa main était ensuite bandée durant trois jours dans un sac de cuir scellé par un juge. Lorsqu'on défaisait le bandage, le verdict tombait : si la plaie était saine et propre, la personne était jugée innocente… D'où l'expression « mettre sa main au feu » quand on est certain de quelque chose.

Texte écrit par les auteurs

DOC. 2 Un duel judiciaire au XIIIe siècle

version de Dresde du *Miroir des Saxons*, XIIIe siècle.

DOC. 3 Un débat judiciaire au XIVe siècle

Henricus Bohic, *Débat judiciaire*, fin XIVe siècle.

Questions

1 DOC. 1 et 2 Entourez ou soulignez en rouge ce qui montre l'importance de la religion dans les procès au Moyen Âge.

2 DOC. 2 Quels éléments montrent que le duel est équitable* ?

....

....

3 DOC. 1, 2 et 3 Comment était rendue la justice au Moyen Âge ?

....

....

....

....

Activité B La justice à partir du XIXe siècle

1/a- Exprimer des sentiments moraux.

DOC. 4 Un homme condamné à mort au XIXe siècle

Les deux gendarmes m'attendaient au seuil de la cellule. On me remit les menottes. [...] Nous montâmes un escalier tournant en vis ; [...] puis une porte basse s'ouvrit. Un air chaud, mêlé de bruit, vint me frapper au visage ; c'était le souffle de la foule dans la salle des assises. J'entrai. Il y eut à mon apparition une rumeur d'armes et de voix. [...] ; et, pendant que je traversais la longue salle entre deux masses de peuple murées de soldats, il me semblait que j'étais le centre auquel se rattachaient les fils qui faisaient mouvoir toutes ces faces béantes et penchées. [...] Alors il se fit un grand silence. J'étais parvenu à ma place. Au moment où le tumulte cessa dans la foule, il cessa aussi dans mes idées. Je compris tout à coup clairement ce que je n'avais fait qu'entrevoir confusément jusqu'alors, que le moment décisif était venu, et que j'étais là pour entendre ma sentence. [...] Tout à coup le président, qui n'attendait que l'avocat, m'invita à me lever. La troupe porta les armes ; comme par un mouvement électrique, toute l'assemblée fut debout au même instant. Une figure insignifiante et nulle, placée à une table au-dessous du tribunal, c'était, je pense, le greffier, prit la parole, et lut le verdict que les jurés avaient prononcé en mon absence. Une sueur froide sortit de tous mes membres ; je m'appuyai au mur pour ne pas tomber.

Victor Hugo, *Le Dernier Jour d'un condamné*, 1829

DOC. 5 Une exécution publique à Valence en 1909

DOC. 6 L'abolition de la peine de mort en 1981

« Parce qu'aucun homme n'est totalement responsable, parce qu'aucune justice ne peut être absolument infaillible, la peine de mort est moralement inacceptable. »

Robert Badinter, garde des Sceaux, ministre de la Justice, de 1981 à 1986

Questions

1. **DOC. 4** Soulignez en **rouge** les acteurs de la justice.
2. **DOC. 4** Quels sont les sentiments et les émotions du personnage dans la salle des assises ?

....

3. **DOC. 5** Entourez en   le mode d'exécution des condamnés au début du XXe siècle.
4. **DOC. 6** Pourquoi la peine de mort a-t-elle été abolie en France en 1981 ?

....

Vocabulaire

* **Jugement de Dieu (ou ordalie) :** épreuve physique censée déterminer la culpabilité ou l'innocence d'un accusé.
* **Greffiers :** personnes qui consignent par écrit les débats pendant un procès.
* **Équitable :** qui respecte les droits de chacun.

Je rédige

1/a- Exprimer des sentiments moraux.

À l'aide des informations trouvées dans les activités A et B, dites si la justice est plus humaine aujourd'hui.

Thème 4

Je comprends les règles :

Les principes de la justice

Activité A Des principes garantis par les lois

1/a- Expliquer les grands principes de la justice.

DOC. 1 Les droits de l'accusé

Ce que disent les lois

Tout homme étant présumé innocent jusqu'à ce qu'il ait été déclaré coupable [...].

Article 9 de la Déclaration des droits de l'homme et du citoyen, 1789

Toute personne a droit, en pleine égalité, à ce que sa cause soit entendue équitablement et publiquement par un tribunal indépendant et impartial [...].

Article 10 de la Déclaration universelle des droits de l'homme, 1948

Tout accusé a droit notamment à :
a. être informé, [...] de la cause de l'accusation portée contre lui ;
b. disposer du temps et des facilités nécessaires à la préparation de sa défense ;
c. se défendre lui-même ou avoir l'assistance d'un défenseur de son choix [...].

Article 6 de la Convention de sauvegarde des Droits de l'homme et des libertés fondamentales, 1950

Les grands principes

Le droit à un procès équitable

Le droit de la défense

Le droit à la présomption d'innocence

Leur application lors d'un procès

Questions

1. **DOC. 1** Reliez chaque texte de loi au principe qu'il garantit.
2. **DOC. 1** Reliez chaque principe de la justice à son application au cours du procès.

ACTIVITÉ B

Des principes appliqués dans tous les tribunaux

1/a- Expliquer les grands principes de la justice.

DOC. 2 Les différents tribunaux

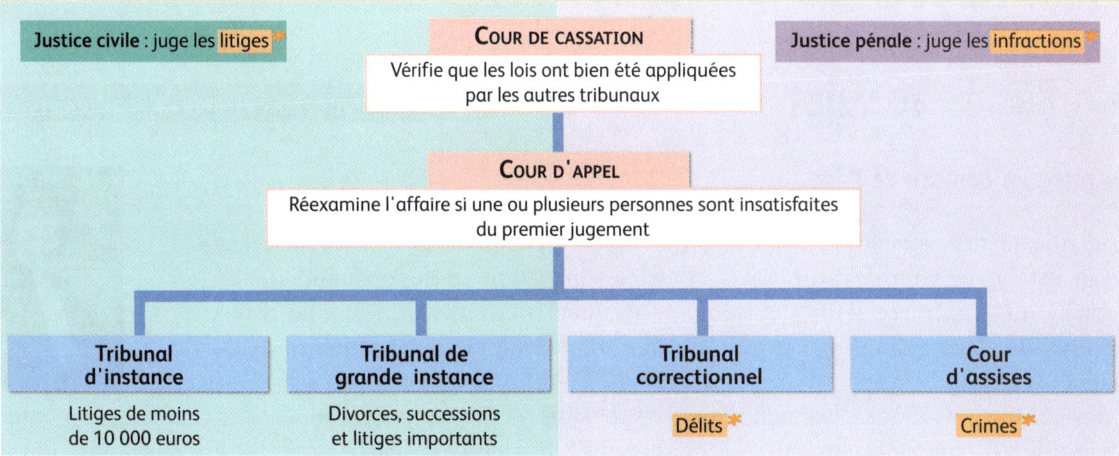

Questions

1 DOC. 2 Complétez le tableau ci-dessous.

Affaire jugée	Justice civile ou pénale ?	Quel tribunal est saisi ?
Paul a été arrêté alors qu'il cambriolait une maison pendant les vacances des propriétaires. Son avocat lui explique qu'il risque cinq ans de prison.	....	....
Angela et Kevin divorcent ; ils doivent se mettre d'accord pour la garde de leurs enfants.	....	....
Taïna n'accepte pas le verdict du tribunal correctionnel qui l'a condamnée à un an de prison ferme. Elle veut que son affaire soit rejugée par un nouveau tribunal.	....	....
Ahmed estime que les juges n'ont pas respecté ses droits lors de son procès en appel ; il veut faire casser le jugement qui le condamnait pour excès de vitesse.	....	....
Paulo est accusé du meurtre de sa femme. Il risque la réclusion criminelle à perpétuité, mais il clame son innocence.	....	....
Jeanne a eu sa clôture arrachée lors des travaux de son voisin, il y en a pour près de 7 000 €.	....	....

Vocabulaire

* **Litige :** désaccord avec quelqu'un.
* **Infraction :** non-respect de la loi.
* **Délit :** infraction passible de dix ans de prison au maximum (vols, violence…).
* **Crime :** infraction grave, passible de quinze ans de prison au minimum (meurtre, viol…).

Je rédige

1/a- Expliquer les grands principes de la justice.

À l'aide des informations trouvées dans les activités A et B, montrez quels sont les droits de l'accusé lors de son procès.

Je réfléchis avec ma classe :
Quelle justice pour les mineurs ?

Activité A Je réfléchis au sujet

1. Développer les aptitudes à la réflexion critique.

DOC. 1 Une prise en compte de l'âge

« Il existe une justice spécifique pour les mineurs[1] parce qu'on considère que jusqu'à 18 ans, on est un être en devenir. On a donc besoin d'être protégé quand on est en danger via la mise en place d'une assistance éducative (placement en famille d'accueil, suivi par un éducateur à domicile) et de réponses adaptées lorsqu'on commet un acte de délinquance.
Le juge des enfants prononce essentiellement des mesures et des sanctions éducatives (confiscation, interdiction, réparation…) comme l'y invite l'ordonnance du 2 février 1945. Parce qu'il considère que grandir, c'est commettre des erreurs, plus ou moins importantes, et que ces mesures et sanctions peuvent permettre aux mineurs de comprendre et de modifier leur comportement. À partir de 13 ans, il est toutefois possible de prononcer des sanctions pénales qui peuvent se traduire par de la prison ou par une amende jusqu'à 7 500 €. Néanmoins, l'excuse de minorité s'applique, ce qui signifie qu'il écope de la moitié de la peine encourue par un majeur. »

D'après Véronique Rouillon, juge des enfants à Nantes, 10 mai 2011

1. Personne qui n'a pas atteint l'âge de la majorité légale (18 ans).

DOC. 2 Des prisons pour mineurs

DOC. 3 Des travaux d'intérêt général

Questions

1. DOC. 1 Soulignez en rouge les raisons pour lesquelles les mineurs ne sont pas jugés comme les adultes.

2. DOC. 1 Soulignez en bleu ce que peut mettre en place le juge des enfants pour protéger un mineur en danger.

3. DOC. 1, 2 et 3 Soulignez en vert les mesures que peut prendre le juge des enfants envers un mineur délinquant.

4 À l'aide du site www.ado.justice.gouv.fr rubrique « Et les jeunes ? », soulignez en rouge la réponse qui vous semble correcte.

ACTIVITÉ NUMÉRIQUE

5 Avec la classe, entourez en bleu la solution qui vous semble le plus pertinente pour chaque proposition.

1. À quel âge est-on majeur en France ?
a. 15 ans si on a perdu ses parents
b. 21 ans
c. 15 ans pour les filles, 17 pour les garçons
d. 18 ans

2. Les lois s'appliquent-elles aux enfants ?
a. Non
b. Pas avant l'âge de 15 ans
c. Seulement s'ils ont plus de 12 ans
d. Oui

3. Comment s'appelle le juge spécialisé pour les mineurs ?
a. Le juge des enfants
b. Le juge pour enfants
c. Le juge des mineurs

4. Qui s'occupe de la justice des mineurs ?
a. N'importe quel tribunal
b. Les professeurs et les parents
c. Les tribunaux pour enfants et la Protection judiciaire de la jeunesse

5. Le procureur poursuit le mineur devant la justice :
a. ça dépend de ce qu'il a fait, de sa personnalité et de son environnement social et éducatif
b. Peu importe ce qu'il a fait

6. Qui peut envoyer un mineur en prison ?
a. Le juge des enfants
b. N'importe quel juge si le mineur a moins de 13 ans
c. Le tribunal pour enfants ou la cour d'assises des mineurs

7. Qui peut signaler un jeune en danger?
a. Uniquement les juges ou les magistrats
b. Tout le monde
c. Ses parents exclusivement
d. Seulement la police ou la gendarmerie

8. Après un signalement, qui décide de la situation de l'enfant en danger ?
a. Les parents
b. La police
c. Le juge des enfants

ACTIVITÉ B La classe réfléchit au sujet

1. Développer les aptitudes à la réflexion critique.

« Quelle justice pour les mineurs ? »

Je fais le bilan

Avec l'ensemble de la classe, rédigez une réponse commune à la question posée ci-dessus.

Je passe à l'action :
Je présente une revue de presse à partir de l'actualité judiciaire

ACTIVITÉ A Je choisis un événement dans l'actualité judiciaire

☐ 2. Développer une conscience citoyenne.

Je complète la fiche ci-dessous en trouvant sur un même événement judiciaire récent, un article dans un journal, sur un site Internet, et un reportage dans un journal télévisé.

Résumé de l'événement :		
Date de l'événement :	Lieu de l'événement :	Personnes impliquées :
Journal :	Site Internet :	Journal télévisé :

ACTIVITÉ B Je compare différents articles sur cet événement

☐ 2. Développer une conscience citoyenne.

Je complète le tableau ci-dessous.

Source	Journal	Site Internet	Journal télévisé
Auteur			
Date			
Ton employé			
Détails donnés			
Sources citées par le journaliste			
Objectifs recherchés par le journaliste			

ACTIVITÉ C Je rédige et je présente ma revue de presse

2/a- Expliquer le sens et l'importance de l'engagement.

Je complète le cadre ci-contre.

Méthode

- **a** Je fais des phrases courtes et claires.
- **b** À l'oral, j'évite de lire mes notes et je regarde les élèves de la classe.
- **c** Je parle assez fort et j'articule.
- **d** Je réponds aux questions à la fin de ma présentation.

Un événement judiciaire vu par différents médias

Titre : ……………………………………………

Résumé de l'affaire : ……………………………………………

……………………………………………

……………………………………………

……………………………………………

Peine(s) prononcée(s) ou encourue(s) : ……………………………………………

Différences et points communs constatés entre les sources :

……………………………………………

……………………………………………

……………………………………………

Qu'est-ce qui m'a intéressé(e) dans cette affaire judiciaire ? Pourquoi je l'ai choisie ?

……………………………………………

……………………………………………

……………………………………………

……………………………………………

Je fais le bilan du thème 4

À l'aide de l'ensemble des informations des **pages 28 à 35**, je complète le schéma ci-dessous en notant les éléments à retenir (*idées principales, dates, mots importants*).

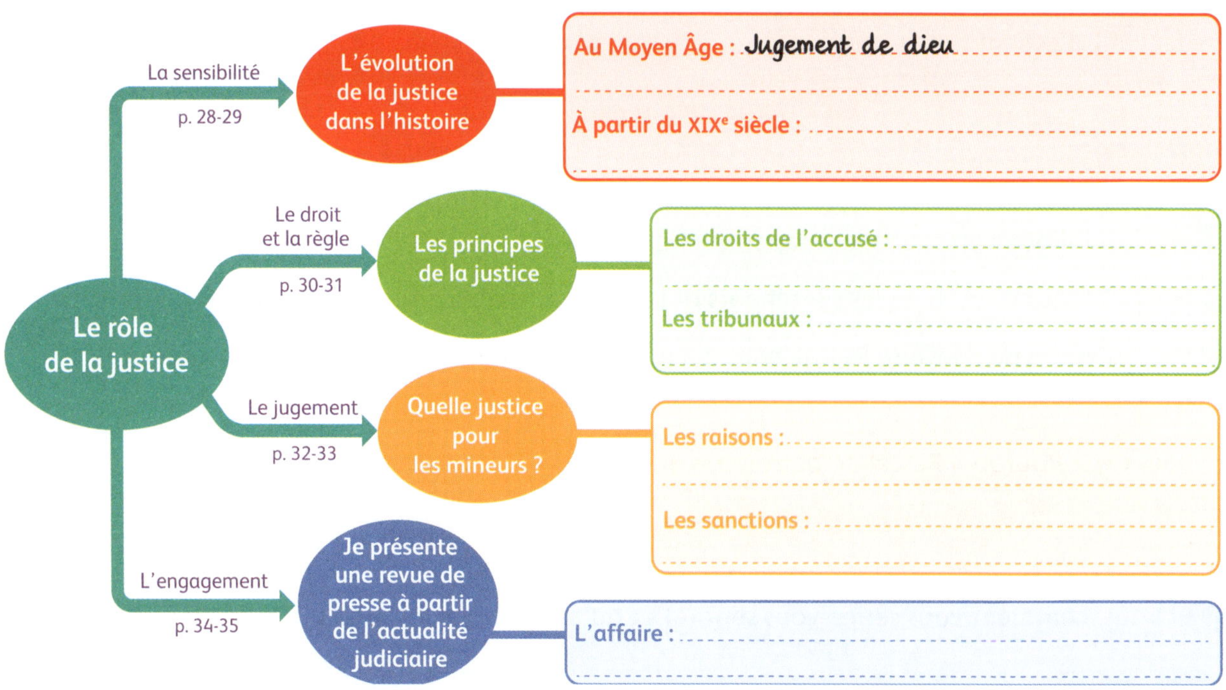

Je suis sensible à une situation :

Les acteurs de la justice

Activité A Le rôle des jurés

3/a- Comprendre la diversité des sentiments civiques.

DOC. 1 Le témoignage de Pascal, 54 ans, agent technique

« Quand j'ai reçu la lettre du ministère de la Justice, je me suis demandé ce que j'avais fait. Elle m'avertissait que j'avais été désigné pour être, après un tirage au sort, juré* d'assises. Elle stipulait aussi que ma présence serait obligatoire.

J'ai reçu un second courrier, qui me convoquait à la prochaine session d'assises, accompagné de la liste des affaires de crimes jugées : un meurtre, des viols sur mineur, la mort d'un bébé, un règlement de comptes à main armée. Tout à coup, c'est devenu très… concret. J'ai prévenu mon employeur que j'allais être indisponible pendant quinze jours (c'est prévu par la loi, il ne peut pas refuser).

Le jour J, je me suis rendu au palais de justice avec un peu d'appréhension, mais surtout une certaine impatience : j'étais curieux et content d'exercer ma responsabilité de citoyen.

Nous étions une quarantaine à nous présenter pour le premier procès. J'étais en train d'attendre mon tour pour rentrer, quand j'ai vu arriver le premier accusé : j'ai reconnu un de mes anciens voisins ! Je suis allé voir la greffière pour le lui dire, et elle m'a renvoyé chez moi. J'étais bouleversé de réaliser que cet homme que je connaissais était impliqué dans une histoire avec une enfant que je connaissais aussi, et à la fois soulagé et frustré d'être écarté du procès. Mais ça m'a permis de réaliser que la justice, c'est des gens comme moi qui jugent des gens presque comme moi… »

D'après Valérie Péronnet, sur le site www.psychologies.com, mai 2014

DOC. 2 Le serment des jurés

– Vous jurez et promettez d'examiner avec l'attention la plus scrupuleuse les charges qui seront portées contre X…, de ne trahir ni les intérêts de l'accusé, ni ceux de la société qui l'accuse, ni ceux de la victime ; […] de n'écouter ni la haine ou la méchanceté, ni la crainte ou l'affection[1] […].

– Je le jure.

Article 304 du Code de procédure pénale

1. Sympathie

Questions

1. DOC. 1 Soulignez en rouge les étapes qui ont amené Pascal à devenir juré d'assises.
2. DOC. 1 Soulignez en bleu les sentiments et les émotions qu'il a ressentis pendant ces étapes.
3. DOC. 1 Quel type d'affaire Pascal avait-il à juger ?
4. DOC. 1 et 2 Pourquoi Pascal ne peut-il pas être juré dans cette affaire ?
5. Et vous, comment vous seriez-vous senti(e) et qu'auriez-vous fait à sa place ?

ACTIVITÉ

B Les acteurs pendant un procès

3. Se sentir membre d'une collectivité.

DOC. 3 Dessin d'une cour d'assises

Vous pouvez vérifier vos réponses à l'aide du site Internet www.ado.justice.gouv.fr, rubriques « Qui fait quoi ? » et « Le jeu ».

Questions

1 **DOC. 3** Complétez la première colonne du tableau avec le numéro correspondant sur le dessin.

2 **DOC. 3** Reliez chaque personnage du tableau avec son rôle en cour d'assises.

N°	Personnages		Rôles
	Accusé		Propose une peine au nom de la société.
	Avocat de la défense		S'exprime à la barre à la demande du président.
	Président		Sont tirés au sort pour juger un crime.
	Assesseurs		Consigne par écrit tous les débats et les témoignages.
	Avocat général		Est soupçonné d'un crime.
	Greffier		Défend le ou les accusés.
	Jurés		Défend la ou les victimes.
	Avocat de la partie civile		Dirige les débats.
	Témoin		Aident le président.
	Public		Assiste au procès.

Je rédige

1. Exprimer des sentiments moraux.

À l'aide des informations trouvées dans les activités A et B, expliquez quelle fonction de la justice vous paraît la plus intéressante et pourquoi.

Vocabulaire

* **Juré** : membre du jury populaire composé de citoyens tirés au sort pour rendre la justice en cour d'assises.

Je comprends les règles :

Le fonctionnement de la justice

Activité A Un procès en cour d'assises

1/a- Expliquer les grands principes de la justice.

DOC. 1 La suite du témoignage de Pascal

« J'ai fini par être choisi pour une affaire de bébé secoué, dont je n'ai pas le droit de révéler les circonstances parce que les jurés sont tenus au secret. On nous a raconté toute la vie de l'accusé, le compagnon de la mère du bébé. Il était en détention préventive* depuis trois ans, il est venu à la barre pour raconter sa vie en prison. C'était effrayant. Je suis rentré chez moi vidé.

Le deuxième jour, le médecin légiste est venu expliquer la mort du bébé. C'était épouvantable. Je prenais des notes, j'étais hyper concentré et hypersensible à tout ce qui se disait. J'ai essayé de ne jamais perdre de vue ma responsabilité et mon devoir de rester le plus neutre possible. Je pense que, dans le fond, mon idée était faite à la fin du deuxième jour, avant les plaidoiries*. Je les ai écoutées avec attention.

Et puis nous nous sommes retirés pour délibérer. La présidente nous a expliqué le fonctionnement des prisons, avant de mener le débat. J'ai découvert la personnalité des huit jurés que je côtoyais depuis trois jours sans avoir eu de vrais contacts avec eux. Le mélange de nos différences rendait les échanges vraiment intéressants. Nous avons beaucoup discuté, nous avons fini par tomber d'accord, après plus de trois heures de délibéré. »

D'après Valérie Péronnet, sur le site www.psychologies.com, mai 2014

DOC. 2 Des circonstances aggravantes

Article 222-7 : Les violences ayant entraîné la mort sans intention de la donner sont punies de quinze ans de réclusion criminelle.
Article 222-8 : L'infraction définie à l'article 222-7 est punie de vingt ans de réclusion criminelle lorsqu'elle est commise sur un mineur de quinze ans ; [...].
La peine encourue est portée à trente ans de réclusion criminelle lorsque l'infraction définie à l'article 222-7 est commise sur un mineur de quinze ans par un ascendant légitime, naturel ou adoptif ou par toute autre personne ayant autorité sur le mineur.

Extrait du Code pénal

Questions

1. DOC. 1 Soulignez en rouge les différentes étapes du procès.
2. DOC. 1 Soulignez en bleu les devoirs et les règles que doit respecter Pascal en tant que juré.
3. DOC. 1 et 2 Soulignez en vert le type d'affaire que Pascal doit juger.
4. DOC. 1 et 2 Qu'est-ce qui constitue des circonstances aggravantes dans cette affaire ?

....

5. DOC. 1 et 2 Quelle peine risque ici l'accusé ?

....

6. À votre avis, sur quoi doivent s'appuyer les jurés pour prendre une décision de jugement ?

....

....

ACTIVITÉ B Un procès au tribunal correctionnel

1/a- Expliquer les grands principes de la justice.

DOC. 3 Un procès au tribunal correctionnel de Créteil

Entre dans le box un jeune homme de 24 ans, Jessy B.

Le président du tribunal présente les faits du délit : dimanche dernier, au volant de son scooter non assuré, il a percuté une piétonne, à Choisy-le-Roi, lui infligeant de graves blessures. Le jeune homme avait fumé du cannabis, et agi en récidive*. Selon les constatations, la victime marchait sur un passage protégé. Le jeune homme dit avoir été vigilant au niveau d'un feu, avoir « tourné la tête et percuté cette dame ». Alors que l'auteur présumé affirme être venu en aide à sa victime, une femme assure qu'il s'est enfui. « Je suis en train de changer. Je me suis mis au sport. J'ai arrêté de boire. Je dois commencer un travail dans 15 jours », assure Jessy. « Je tiens à présenter mes excuses à cette dame. » « Pour quelqu'un qui se retrouve en état de récidive, Jessy B. n'a aucune circonstance atténuante ! Les faits sont tout à fait graves ! » Le procureur de la République requiert deux ans de prison ferme, la confiscation du véhicule et l'interdiction d'utiliser un véhicule durant trois ans. « Vous voulez le mettre deux ans en prison ? Pourquoi pas ? » ironise l'avocat du jeune homme. « Son amie est dans la salle. Elle me confirme qu'il ne boit plus et qu'il ne fume presque plus. Je vous demande la relaxe*. » Jessy B. reprend la parole pour conclure : « Pendant mes 48 heures de garde à vue, je me suis inquiété de l'état de santé de la victime. » Jessy B. est condamné à un an de prison ferme. Le scooter est saisi.

D'après le journal *France-Soir*, 23 mai 2012

Questions

1 **DOC. 3** De quoi est accusé Jessy B. ?

....

2 **DOC. 3** Soulignez en rouge les faits qui vont en faveur d'une condamnation.

3 **DOC. 3** Soulignez en bleu les éléments qui vont en faveur d'une relaxe.

4 **DOC. 3** Quel est le jugement demandé par l'accusation ?

....

....

5 **DOC. 3** Quel est le jugement demandé par la défense ?

....

6 **DOC. 3** Quelle est le jugement prononcé par le tribunal ?

....

Vocabulaire

* **Détention préventive :** le suspect est mis en prison dans l'attente de son procès.
* **Plaidoirie :** exposé des faits par un avocat lors d'un procès.
* **Récidive :** fait de commettre plusieurs fois la même infraction.
* **Relaxe :** abandon des poursuites judiciaires contre un accusé.

Je rédige

1/a- Expliquer les grands principes de la justice.

À l'aide des informations trouvées dans les activités A et B, montrez que le fonctionnement de la justice repose sur des règles et respecte les droits de chacun.

Thème 5

Je débats :

Pour ou contre l'enfermement en prison ?

Activité A

Je réfléchis au sujet

1. Développer les aptitudes à la réflexion critique.

DOC. 1 La fin du témoignage de Pascal

« Comment décide-t-on de la culpabilité de l'un plutôt que de l'autre ? Comment choisit-on la durée d'une peine ? C'est une responsabilité énorme de décider d'envoyer quelqu'un en prison, ou pas. Il a été condamné. Pas assez lourdement, aux yeux de la famille de la mère.
Moi, j'ai essayé d'être le plus juste possible. Est-ce que j'y suis parvenu ? Est-ce que je l'ai envoyé en prison pour le "punir" ou pour le protéger de la haine de la salle ? J'ai fait de mon mieux, mais, au bout du compte, je reste avec mes questions. »

D'après Valérie Péronnet, sur le site www.psychologies.com, mai 2014

DOC. 2 Le malaise des prisons françaises

L'établissement, conçu pour accueillir 210 personnes, en accueillait 295. La vie en détention est particulièrement difficile à vivre pour les personnes qui restent volontairement 23 à 24 heures dans leur cellule sans sortir après avoir subi de nombreuses menaces, violences et différentes formes de racket.
Des jeunes préfèrent aussi être privés de promenade ou d'activité car ils ne veulent plus « d'embrouilles ». Certains portent des cicatrices, résultats de coups portés par des armes qui seraient confectionnées artisanalement avec des lames de rasoir.

Extrait du rapport de visite du centre pénitentiaire du Havre de juillet 2011

DOC. 3 Des prisons parfois surpeuplées et insalubres

Maison d'arrêt de Caen.

Questions

1 DOC. 1 Pourquoi Pascal est-il mal à l'aise à la fin du procès ?

....

....

2 DOC. 2 À quels dangers les détenus sont-ils exposés en prison ?

....

....

3 DOC. 3 Décrivez cette photographie.

....

....

4 DOC. 1, 2 et 3 Quels problèmes pose l'enfermement en prison ?

....

5 D'après vos connaissances et vos recherches, soulignez en rouge les réponses qui vous paraissent justes.

6 Avec la classe, entourez en bleu la solution qui semble la plus pertinente pour chaque proposition.

Tu peux vérifier sur le site http://justimemo.justice.gouv.fr, rubrique « la justice aujourd'hui ».

1. On met les condamnés en prison pour :
a) Les punir de leurs actes.
b) Protéger la société des personnes dangereuses.
c) Pour qu'ils ne recommencent plus.

2. Le placement sous surveillance électronique :
a) Permet d'interdire certaines zones.
b) Permet de travailler en entreprise.
c) Permet d'exécuter une peine de prison sans être incarcéré.

3. En France, un détenu se suicide en prison en moyenne :
a) Tous les mois.
b) Tous les trois jours.
c) Toutes les semaines.

4. Un détenu qui sort de prison :
a) A une chance sur deux d'y retourner ensuite.
b) A moins de chance de trouver un emploi.
c) Bénéficie d'un accompagnement et d'une aide.

ACTIVITÉ B Je participe au débat

☐ 1. Développer les aptitudes à la réflexion critique.

« Pour ou contre l'enfermement en prison ? »

Méthode

a En utilisant les réponses de l'activité A, la classe débat du sujet.
b Je note toutes les idées du débat dans les deux fiches ci-contre.
c J'entoure les arguments qui me semblent les plus intéressants.

Oui, la prison est une bonne solution, **car**

....

....

....

....

....

....

....

....

Non, la prison n'est pas forcément une bonne solution, **car**

....

....

....

....

....

....

....

....

Pour prouver tes arguments, il faut à chaque fois des exemples précis.

Je fais le bilan

☐ 2. Différencier son intérêt particulier de l'intérêt général.

À partir des notes prises pendant le débat, résumez votre point de vue sur le sujet.

Thème 5

Je passe à l'action :
Je joue un procès dans la classe

ACTIVITÉ A Je détermine l'affaire à jouer

☐ 2/a- Expliquer le sens et l'importance de l'engagement.

Je complète le schéma en suivant la méthode ci-dessous.

Méthode

a La classe est divisée en deux : un groupe va jouer le procès en correctionnelle et l'autre en assises.

b Avec mon groupe, nous résumons dans le cadre ci-contre l'affaire que nous allons jouer.

c Nous déterminons le type d'infraction (homicide, vol…) et nous imaginons une peine possible pour cette infraction.

d Je note le rôle de chacun dans l'ordre des débats.

e L'autre groupe ne doit rien savoir de l'affaire car il devra déterminer la culpabilité et la peine du prévenu/de l'accusé.

Notre affaire

Résumé : ……………………………………
……………………………………
……………………………………
……………………………………
……………………………………
……………………………………

Notre tribunal : ……………………………………
……………………………………

Article du Code pénal : ……………………………………
……………………………………
……………………………………

Type de l'infraction : ……………………………………
……………………………………
……………………………………

Peines encourues : ……………………………………
……………………………………
……………………………………

Les rôles

Président : ……………………………………

Suspect(s) : ……………………………………

Témoin(s) : ……………………………………

Victime(s) : ……………………………………

Avocat de la partie civile : ……………………………………

Procureur/avocat général : ……………………………………

Avocat de la défense : ……………………………………

Jurés (assises) : ……………………………………
……………………………………

ACTIVITÉ B Je prépare mon rôle au procès

☐ 1. S'engager et assumer des responsabilités.

Je complète la fiche ci-dessous. Puis je joue mon rôle lors du procès auquel je participe.

Nom et rôle : ……………………………………

Ce que je dois dire au procès (témoignage, questions, réquisitoire, plaidoirie…) :

……………………………………
……………………………………
……………………………………

ACTIVITÉ C Je réfléchis sur la culpabilité et la peine

1/a- Expliquer le lien entre l'engagement et la responsabilité.

Pour l'affaire où je suis spectateur, je réfléchis sur la culpabilité ou l'innocence du prévenu/accusé en complétant le premier schéma. Si le suspect est reconnu coupable, il nous reste à décider de la peine la plus adaptée dans le deuxième schéma.

Arguments en faveur de l'innocence	Arguments en faveur de la culpabilité

Peines prononcées par les élèves de mon groupe

- Emprisonnement ?
- Amende ?
- Dommages et intérêts ?
- Peines complémentaires ?

Je fais le bilan du thème 5

À l'aide de l'ensemble des informations des **pages 36 à 43**, je complète le schéma ci-dessous en notant les éléments à retenir (*idées principales, dates, mots importants*).

L'organisation de la justice en France

- La sensibilité p. 36-37 → **Les acteurs de la justice**
  - Les jurés : tirés au sort
  - Les professionnels :
- Le droit et la règle p. 38-39 → **Le fonctionnement de la justice**
  - La cour d'assises :
  - Le tribunal correctionnel :
- Le jugement p. 40-41 → **Pour ou contre l'enfermement en prison ?**
  - Pour, car
  - Contre, car
- L'engagement p. 42-43 → **Je joue un procès dans la classe**
  - Mon affaire :
  - Mon rôle :

Je suis sensible à une situation :
Une action citoyenne

Activité A Des incivilités dans les transports scolaires

3. Se sentir membre d'une collectivité.

DOC. 1 Des incivilités dans les cars scolaires

C'est CARrément aBUSé
dans le car, de ne pas être respecté.
C'est CARrément aBUSé
dans le bus, de ne pas être en sécurité.
C'est CARrément aBUSé
d'être un chauffeur embêté.
C'est CARrément aBUSé
en attendant le car, d'être injustement rejeté.
C'est CARrément aBUSé
en allant à l'arrêt de bus, au bord de la route
on peut se mettre en danger.

Texte des élèves du collège Émile-Falabrègue

....

....

DOC. 2 Des élèves mobilisés

CARrément aBUSé. C'est le nom du projet mené au collège Émile-Falabrègue de Saint-Bonnet-le-Château par une vingtaine d'élèves : des vidéos et un livret pédagogique pour prévenir les incivilités « ordinaires » à l'arrêt de bus ou dans les cars scolaires. « Notre projet a nécessité la mobilisation de différents partenaires, comme des lycéens pour le tournage et le montage des vidéos, une comédienne professionnelle, ou encore la Brigade de prévention de la délinquance juvénile », indique le principal adjoint du collège. Ces vidéos à but pédagogique seront à la disposition de la brigade et serviront lors d'intervention dans les établissements scolaires.

Delphine Rouchon, *Loire Magazine*, mars-avril 2015

....

....

Questions

1. DOC. 1 Indiquez sous chaque dessin les incivilités dénoncées par les élèves.
2. DOC. 2 Soulignez en rouge les objectifs de l'action citoyenne.
3. DOC. 2 Soulignez en bleu les partenaires qui ont aidé les collégiens.
4. Quelles actions citoyennes pourriez-vous mettre en place dans votre collège pour lutter contre les incivilités dans les transports ?

....

....

ACTIVITÉ B Collégiens… et déjà citoyens

3/a- Comprendre la diversité des sentiments civiques.

DOC. 3 Le tournage des scènes

Scène n° 1 - Sur les trajets : Rappeler les règles de sécurité sur les trajets jusqu'à l'arrêt de bus.
Scène n° 2 - Lors de l'attente du bus : Des grands nous intimident et nous repoussent lorsqu'on veut se mettre à l'abri de la pluie.
Scène n° 3 - Chahut à la montée du bus : On monte en chahutant, on est malpolis vis-à-vis du chauffeur, et on jette nos sacs au fond du bus.
Scène n° 4 - Comportement au sein du bus : Des élèves commettent des dégradations dans le bus : ils mangent, ils jettent des papiers.

DOC. 4 Le bilan de l'action

« Je pense que ce projet nous a fait comprendre qu'il ne fallait pas se comporter ainsi dans un bus. Ce projet nous a servi à diffuser la vidéo dans notre collège et dans d'autres collèges. »

Audrey, élève de 4e 2

« C'était bien, on a rigolé et ça a servi à quelque chose : à arrêter les bagarres et les trucs comme ça dans le bus. »

Léa, en 5e 1

« Je pense que ce projet nous sert pour tous. À faire réagir un peu tout le monde. »

Lucas, en 5e 3

Questions

1 DOC. 3 Quelles scènes décrivant une incivilité vous semble la plus courante, la plus choquante, la plus dangereuse ?

....

....

2 DOC. 4 Pourquoi peut-on dire que ces collégiens sont déjà des citoyens ?

....

3 Avez-vous été témoins d'incivilités dans d'autres moyens de transport ? Si oui, décrivez ces incivilités.

....

....

Quand tu rédiges, fais des phrases courtes et utilise la ponctuation.

Je rédige

1/a- Exprimer des sentiments moraux.

À l'aide des informations trouvées dans les activités A et B, exprimez votre opinion sur les incivilités dans les cars scolaires ou les transports en commun.

Thème 6

Je comprends les règles :
La liberté d'association

ACTIVITÉ A L'association des Bouchons d'Amour

1. Comprendre les raisons de l'obéissance aux règles et à la loi.

DOC. 1 Une handicapée aidée par Les Bouchons d'Amour

« Je m'appelle Nathalie, je suis atteinte d'une maladie neuromusculaire. Pour faire simple, je n'ai pas de muscles, donc je ne peux rien faire seule. Pour favoriser mon autonomie au quotidien, j'ai une chienne d'assistance qui a été formée par l'association Handi'chiens et qui m'a été remise gratuitement. Ébène, mon chien d'assistance, est capable d'exécuter environ 50 commandes (ouvrir et fermer une porte, ramasser un objet...). Cela a changé ma vie, j'aimerais que d'autres personnes aient la chance d'acquérir un chien d'assistance. Les bénévoles* de l'association Les Bouchons d'Amour en partenariat avec Handi'chiens organisent dans toute la France des collectes de bouchons en plastique.
Les bouchons récoltés sont récupérés par la société Eryplast qui les transforme en palettes plastique. Une tonne de bouchons équivaut à 200 €. Les sommes collectées permettent l'acquisition de chiens d'assistance et de matériel adapté pour personnes handicapées... C'est également un geste écologique et solidaire. »

D'après Nathalie Da Costa, sur son blog, le 7 juillet 2013

DOC. 2 Des associations à but non lucratif*

Article 1 : L'association est la convention par laquelle deux ou plusieurs personnes mettent en commun, d'une façon permanente, leurs connaissances ou leur activité dans un but autre que de partager des bénéfices. [...]
Article 2 : Les associations de personnes pourront se former librement sans autorisation ni déclaration préalable.

Loi du 1er juillet 1901

Questions

1 DOC. 1 et 2 Complétez le schéma ci-dessous.

LA LIBERTÉ D'ASSOCIATION

Qu'est-ce qu'une association ?

....

....

....

De quand date la liberté d'association ?

....

LES BOUCHONS D'AMOUR

À qui vient-elle en aide et comment ?

....

....

Comment fonctionne-t-elle ?

....

....

Quelle règle doit-elle respecter ?

....

....

ACTIVITÉ B Les jeunes et les associations

2/a- Définir les principaux éléments des grandes Déclarations des droits de l'homme.

DOC. 3 Distribution alimentaire pour les Restos du cœur par des collégiens

....

....

DOC. 4 Les « jeunes ambassadeurs » de l'UNICEF

....

....

DOC. 5 De jeunes adhérents à un syndicat* lycéen

....

....

Article 20 : Toute personne a droit à la liberté de réunion et d'association pacifiques.

Article 23 : Toute personne a le droit de fonder avec d'autres des syndicats et de s'affilier à des syndicats pour la défense de ses intérêts.

Article 25 : Toute personne a droit à un niveau de vie suffisant pour assurer sa santé, son bien-être et ceux de sa famille, notamment pour l'alimentation, l'habillement, le logement, les soins médicaux [...].

Déclaration universelle des droits de l'homme de 1948

Questions

1. **DOC. 3, 4 et 5** Sous chaque photographie, indiquez le but de chacune de ces associations.
2. **DOC. 3, 4 et 5** Quels sont les points communs entre ces trois associations ?

....

3. **DOC. 3, 4 et 5** Reliez chaque photographie aux articles de la Déclaration universelle correspondants.

Vocabulaire

* **Bénévole :** personne qui s'investit gratuitement dans une action.
* **Non lucratif :** dont le but n'est pas de gagner de l'argent.
* **Syndicat :** association qui défend les intérêts d'un groupe ou d'une profession.

Je rédige

1. Comprendre les principes et les valeurs des sociétés démocratiques.

À l'aide des informations trouvées dans les activités A et B, expliquez ce qu'est une association et comment les jeunes peuvent s'y investir.

Je réfléchis avec ma classe :

Pourquoi et comment peut-on se rendre utile ?

ACTIVITÉ A Je réfléchis au sujet

☐ 2. Différencier son intérêt particulier de l'intérêt général.

DOC. 1 Goswiga, 12 ans, élève de 5e et bénévole

« Mes grands frères venaient à l'association *Les Enfants de la Goutte d'Or*, alors moi aussi, pour y faire mes devoirs et jouer. Ayant un peu de temps libre, j'ai demandé ce que je pouvais faire pour aider l'association. Je voulais aider comme on m'avait aidée. Je tape des textes, je fais des recherches sur Internet, je porte le courrier à la poste. S'il me reste du temps, j'aide aux activités de jeux des enfants. J'apprends beaucoup de choses et cela me rapproche des autres : des enfants, des bénévoles, de toutes les personnes qui passent à l'association. C'est bien d'aider et d'occuper son temps libre. »

http://www.jeuneetbenevole.org

DOC. 2 Cédric, 25 ans, secouriste à la Croix-Rouge

« J'ai commencé comme secouriste à 16 ans. J'appréciais beaucoup de pouvoir venir en aide aux personnes, et l'idée de sauver une vie à 16 ans est assez excitante. J'adorais faire des gardes avec les pompiers et le Samu pour une certaine adrénaline. Aujourd'hui, je continue d'aider la Croix-Rouge en tant que formateur, pour enseigner les premiers gestes aux participants. Il faut savoir que c'est un engagement et un plaisir, mais cela prend du temps et de l'énergie, alors il faut rester motivé. J'y ai découvert le travail d'équipe, et cela m'a permis de me construire moi-même car j'étais très timide au départ. J'ai gagné en maturité, ça m'a donné certains repères et j'ai pu faire de supers rencontres. »

http://www.jeuneetbenevole.org

Questions

1 Pour quelles associations ces jeunes sont-ils devenus bénévoles ?

....

....

2 **DOC. 1 et 2** Soulignez en **rouge** les raisons qui ont poussé ces jeunes à devenir bénévoles.

3 **DOC. 1 et 2** Soulignez en **bleu** ce que leur apporte l'association.

4 **DOC. 1 et 2** Soulignez en **vert** ce qu'ils apportent aux autres.

5 **DOC. 2** Soulignez en **noir** les difficultés rencontrées par Cédric en raison de son engagement.

6 **DOC. 2** Êtes-vous bénévole dans une association ?
Si oui, laquelle et pourquoi ? Si non, pourquoi vous ne l'êtes pas ?

....

7 À l'aide du site www.associations.gouv.fr, rubrique « Je veux m'engager » puis « Je suis jeune », donnez trois exemples d'engagement.

ACTIVITÉ NUMÉRIQUE

Je pourrais m'engager dans ....

Je pourrais m'y engager pour..

Je pourrais m'engager dans ....

Je pourrais m'y engager pour..

Je pourrais m'engager dans ....

Je pourrais m'y engager pour..

8 Soulignez en **rouge** ci-dessous la réponse qui vous semble la plus proche de la vérité.

9 Avec la classe, entourez en **bleu** la solution qui semble la plus pertinente pour chaque proposition.

1. Vous seriez prêt(e) à donner un coup de main :
a) Pour aider un inconnu qui en a besoin.
b) Pour aider un ami ou un proche.
c) En échange d'un salaire.

2. Votre principale qualité pour réaliser un projet :
a) La volonté.
b) La sympathie.
c) La disponibilité.

3. Votre action tournerait autour de :
a) La protection des animaux ou de l'environnement.
b) La solidarité avec les plus démunis en France ou dans le monde.
c) Un loisir ou une passion que vous souhaitez faire connaître.

4. Une injustice vous révolte :
a) Vous la dénoncez sur les réseaux sociaux.
b) Vous la dénoncez sur le coup, en direct.
c) Vous intervenez pour la réparer.

5. Vous souhaitez organiser un événement local, vous commencez par :
a) Rechercher des sponsors et récolter de l'argent.
b) Faire des affiches pour vous faire connaître.
c) Chercher un lieu et des bénévoles.

6. Pour vous, ce qui est important dans une action c'est :
a) D'avoir tout organisé.
b) De mobiliser un maximum de personnes.
c) De la faire connaître.

ACTIVITÉ B La classe réfléchit au sujet

2. Différencier son intérêt particulier de l'intérêt général.

« Pourquoi et comment peut-on se rendre utile ? »

Je fais le bilan

Avec l'ensemble de la classe, rédigez une réponse commune à la question posée ci-dessus.

Je passe à l'action :

Je crée une Junior Association avec ma classe

ACTIVITÉ A Je découvre les Juniors Associations

2/a- Expliquer le sens et l'importance de l'engagement.

DOC. 1 Qu'est-ce qu'une Junior Association ?

Vous êtes passionnés de danse, de sports de glisse, d'astronomie ? Vous avez envie de dynamiser votre village, votre quartier ? Vous souhaitez venir en aide aux personnes en difficulté ? La Junior Association est un dispositif qui permet à tout groupe de jeunes, âgés de 12 à 18 ans, de mettre en place des projets dans une dynamique associative.

Pour créer une Junior Association, plusieurs critères sont à respecter :

– composer un groupe d'au moins deux jeunes mineurs

– s'acquitter d'une cotisation de 15 € par an pour rejoindre le Réseau National des Juniors Associations.

Les jeunes présentent alors leur projet, expliquent leur organisation. Cette procédure permet de vérifier que le projet présenté est bien à l'initiative du groupe de jeunes.

D'après le site du Réseau national des Juniors Associations

Questions

1. **DOC. 1** Soulignez en **rouge** les conditions à remplir pour créer une Junior Association.

2. **DOC. 1** Soulignez en **bleu** les intérêts d'une telle association.

3. Je me rends sur le site www.juniorassociation.org dans la rubrique « l'annuaire des juniors associations ». Je clique sur mon département et je choisis une association à présenter à la classe après avoir complété le tableau ci-dessous.

ACTIVITÉ NUMÉRIQUE

Nom de la Junior Association :	Objectifs : ....
Ville :	Projets et actions : ....
Nombre d'adhérents :	
Blog et/ou site Internet :	

ACTIVITÉ B Je présente ma Junior Association

2/c- Comprendre la relation entre l'engagement des citoyens dans la cité et l'engagement des élèves dans l'établissement.

Je complète ci-dessous la fiche de ma Junior Association.

Logo de l'association :

Méthode

a Je présente à la classe ma Junior Association et j'écoute les présentations de mes camarades.

b Nous votons ensuite pour le meilleur projet.

c Nous demandons les autorisations nécessaires pour la mettre en place au collège.

Nom de l'association : ....

Objectifs de l'association : ....

....

Actions concrètes envisagées : ....

....

Liste des besoins : ....

....

Partenaires possibles : ....

....

Je fais le bilan du thème 6

À l'aide de l'ensemble des informations des **pages 44 à 51**, je complète le schéma ci-dessous en notant les éléments à retenir (*idées principales, dates, mots importants…*).

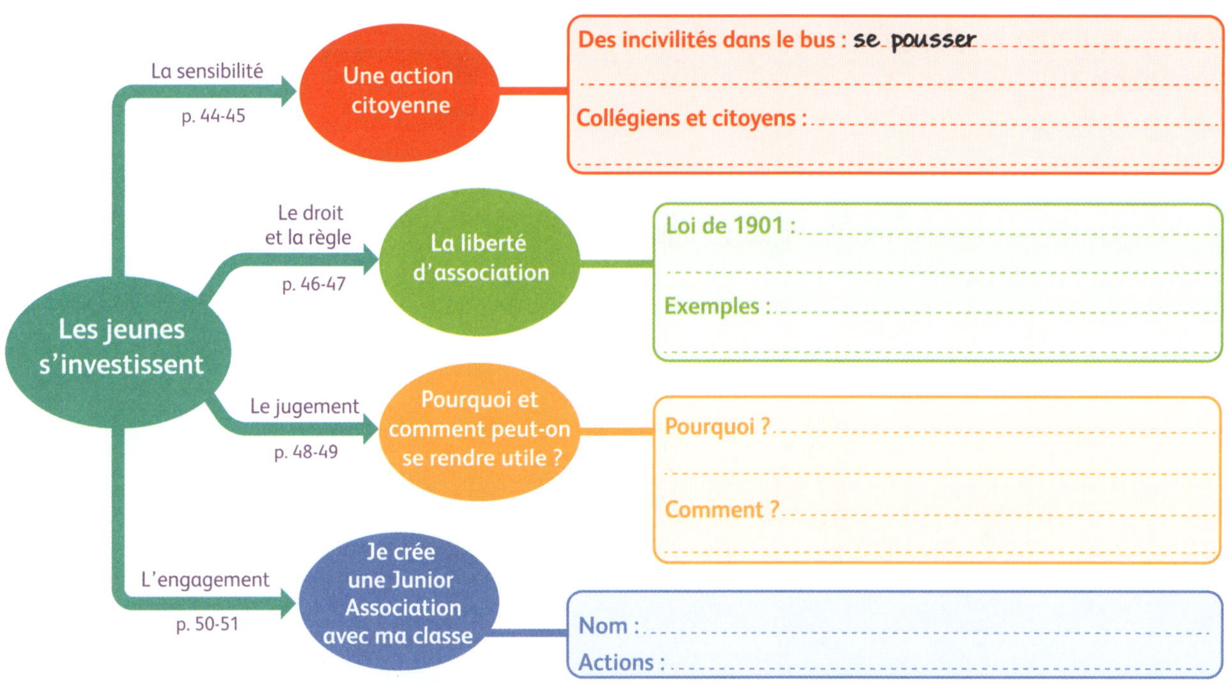

Je suis sensible à une situation :
Des adolescents face à la dépendance

Activité A Le cannabis chez les jeunes

2/a- La question des addictions.

DOC. 1 Témoignage d'un adolescent de 15 ans

« Tout s'est déroulé très rapidement. Il y a un an, je fumais mon premier joint, j'étais en classe de 3e. C'est devenu tout de suite quelque chose d'indispensable en soirée, j'aimais beaucoup en abuser pour me faire remarquer. Les envies de fumer commençaient à se déclarer pendant mes journées de cours, avant le sommeil. Pour se procurer du cannabis, c'était vraiment occasionnel. Pourtant je commençais à fumer tous les jours. J'ai passé mes vacances d'été à fumer, j'allais m'en procurer avec l'argent de poche que ma mère me donnait. Tout partait dans ça. Le cannabis était devenu la chose la plus importante de ma vie et personne ne pouvait changer ça. J'ai entamé ma rentrée de 2de dans un lycée où tout le monde fume. Aujourd'hui je carbure à une dizaine de joints par jour, ce qui fait beaucoup. Le cannabis m'a totalement changé. Je suis très nerveux le matin quand je n'ai pas ma dose dès le réveil et ma mère subit mes nerfs. »

D'après le site www.drogues-info-service.fr

DOC. 2 Le témoignage de Julien, 16 ans

« Je fume 4 ou 5 joints par jour. Depuis deux ans, je n'arrive pas à me motiver, je sèche les cours parce qu'à la longue on ne peut plus fumer à chaque interclasse et arriver à l'heure aux cours. On sait qu'on va se faire renvoyer donc on finit par ne même plus y aller. Même à la maison, je n'arrive plus à me concentrer, à travailler, je n'ai plus aucune motivation. »

D'après le site www.inpes.sante.fr

Questions

1. **DOC. 1** Soulignez en rouge les raisons que trouve cet adolescent pour fumer du cannabis.

2. **DOC. 1 et 2** Soulignez en bleu les conséquences du cannabis pour ces jeunes.

3. **DOC. 3** Qui sont les plus gros consommateurs de cannabis ?

....

....

4. **DOC. 3** Quelle est l'évolution de la consommation de cannabis chez les adolescents ?

....

....

....

....

....

DOC. 3 La consommation de cannabis chez les adolescents

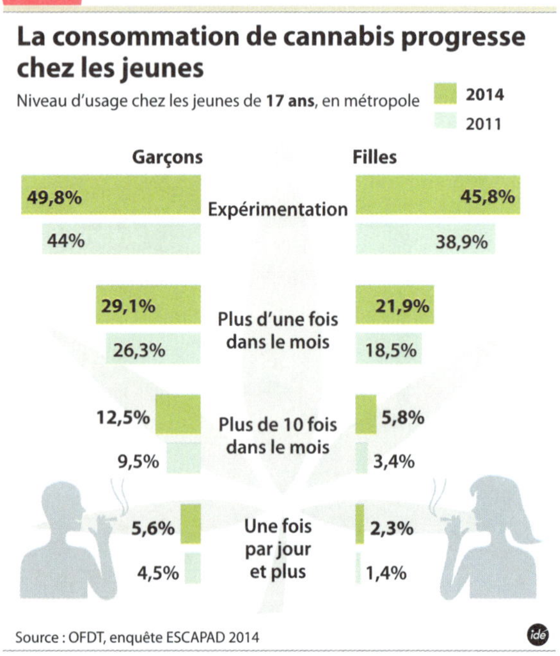

5. **DOC. 1 et 2** À votre avis, ces adolescents sont-ils dépendants au cannabis ? Justifiez votre réponse.

....

....

ACTIVITÉ B Les conduites addictives chez les adolescents

☐ 2/a- La question des addictions.

DOC. 4 Les différentes addictions des adolescents

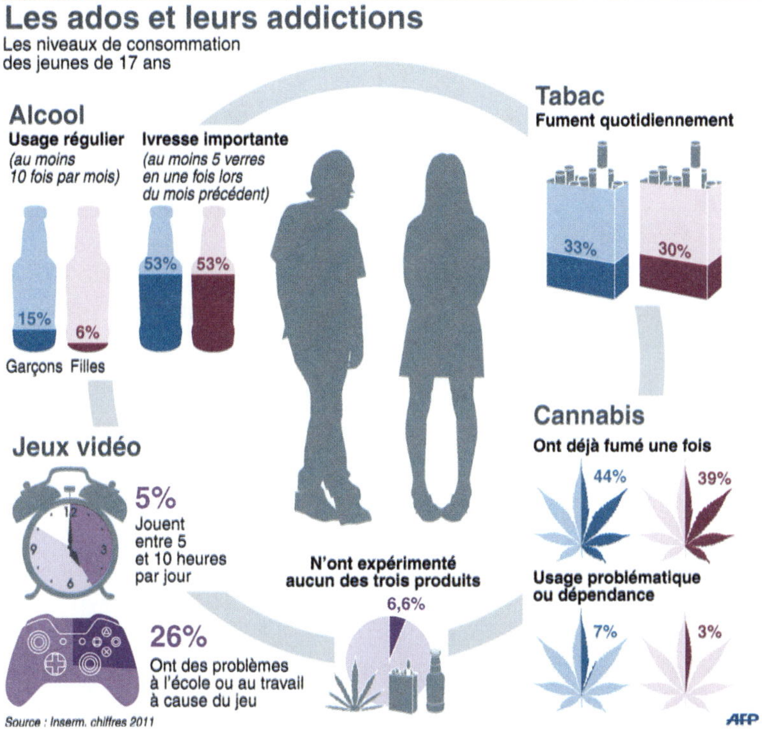

DOC. 5 Pourquoi les adolescents se mettent-ils à fumer ?

Les jeunes sont persuadés de tout contrôler, et notamment leur consommation de tabac (« J'arrête quand je veux »). De plus, les méfaits du tabagisme (cancers…) restent éloignés des préoccupations des jeunes qui vivent au temps présent et ne se sentent pas concernés par la maladie ou la mort. Cette attitude est renforcée par le fait que la cigarette est un moyen de se sentir adulte, de rencontrer les autres plus facilement, de séduire, d'acquérir une place dans un groupe. Elle peut aussi être un défi aux interdits imposés par les parents : « Je fume si je veux ».

D'après l'Office français de prévention du tabagisme

Questions

1. DOC. 4 Quels sont les différents risques d'addictions pour les adolescents ?

....

2. DOC. 4 Les addictions touchent-elles davantage les filles ou les garçons ? Justifiez votre réponse.

....

....

3. DOC. 4 Classez ces comportements à risques du plus fréquent au moins fréquent chez les jeunes.

....

....

....

4. DOC. 5 Soulignez en **rouge** les raisons qui poussent les adolescents à fumer.

Je rédige

☐ 2/a- La question des addictions.

À l'aide des informations trouvées dans les activités A et B, dites quels sont les risques d'addiction auxquels on peut être confronté à l'adolescence.

Je comprends les règles :

Des lois pour punir et protéger

Activité A Les substances addictives et la loi

1. Comprendre les raisons de l'obéissance aux règles et à la loi.

DOC. 1 Des règles pour le tabac et l'alcool

a

Liberté • Égalité • Fraternité
RÉPUBLIQUE FRANÇAISE

Il est interdit de vendre, dans les débits de tabac et tous commerces ou lieux publics, aux mineurs de moins de dix-huit ans des produits du tabac ou leurs ingrédients, y compris notamment le papier et le filtre.

La personne chargée de vendre des produits du tabac peut exiger que l'intéressé établisse la preuve de sa majorité, notamment par la production d'une pièce d'identité.

Code de la santé publique, art. L. 3511-2-1, R. 3512-3.

b

Liberté • Égalité • Fraternité
RÉPUBLIQUE FRANÇAISE

Il est interdit de vendre de l'alcool à des mineurs de moins de 18 ans.
La personne qui délivre la boisson peut exiger du client une preuve de sa majorité, notamment par la production d'une pièce d'identité.
Il est interdit d'offrir de l'alcool à titre gratuit à des mineurs dans les débits de boissons et tous commerces ou lieux publics.

Code de la santé publique, art. L. 3342-1.

DOC. 2 Les peines prévues par la loi

	En cas de vente ou d'offre gratuite à un mineur
Alcool	7 500 € d'amende
Tabac	135 € d'amende

DOC. 3 Des lois contre le cannabis

- Si la police vous retrouve en possession de cannabis, c'est un délit pour lequel la loi prévoit une peine allant jusqu'à un an d'emprisonnement et 3 750 euros d'amende.
- Si vous vendez ou donnez du cannabis, vous encourez une peine pouvant aller jusqu'à cinq ans de prison et 75 000 euros d'amende.
- La culture de plants de cannabis chez soi est considérée comme un crime passible d'une peine maximale de vingt ans de prison et d'une amende pouvant aller jusqu'à 7 500 000 euros.
- Il est également interdit d'inciter à la consommation, ne serait-ce qu'en portant un tee-shirt où figure une feuille de cannabis.

D'après le site www.inpes.sante.fr

Questions

1. **DOC. 1** Soulignez en **rouge** ce qui est autorisé par la loi.
2. **DOC. 1, 2 et 3** Soulignez en **bleu** ce qui est interdit par la loi.
3. **DOC. 2 et 3** Soulignez en **vert** les peines prévues par la loi.
4. **DOC. 1, 2 et 3** Qui la loi tente-t-elle de protéger tout particulièrement ? Pourquoi ?

   ....

   ....

5. **DOC. 1, 2 et 3** À votre avis, pourquoi certaines drogues sont-elles simplement réglementées alors que d'autres sont interdites ?

   ....

   ....

ACTIVITÉ B La prévention* des conduites addictives au collège

1. Comprendre les raisons de l'obéissance aux règles et à la loi.

DOC. 4 Une action de prévention dans les établissements de Suresnes

Les équipes santé et éducatives des collèges Henri-Sellier et Émile-Zola travaillent sur la prévention des addictions chez les adolescents.

Objectifs :

– Prévenir les addictions en direction des jeunes.
– Développer la prise de conscience quant aux risques liés à l'usage et à la consommation de tabac, alcool, cannabis, médicaments…
– Prévenir le début de la consommation.

Descriptif du projet en trois étapes :

1. Ateliers en petits groupes ou par classe, permettant d'informer et de faire le point sur les connaissances des jeunes, menés par des professionnels de la santé (infirmière scolaire ou médecin tabacologue*).
2. Débat théâtral, basé sur l'interaction entre les comédiens et les spectateurs. Cela permet de s'interroger et d'introduire une véritable réflexion sur le sujet.
3. Rencontres-débats sous différentes formes : un quiz au collège Émile-Zola sous forme de jeu de table.

D'après le site www.sij.asso.fr

DOC. 5 Une affiche d'élèves de 4e du collège Victor-Hugo à Aulnay-sous-Bois

Tu peux te renseigner sur les substances addictives sur le site www.drogues.gouv.fr.

Questions

1 DOC. 4 et 5 Complétez le tableau ci-dessous à partir des actions menées dans les collèges.

Actions mises en place	Acteurs de l'action	Objectifs visés

Je rédige

1. Comprendre les raisons de l'obéissance aux règles et à la loi.

À l'aide des informations trouvées dans les activités A et B, expliquez comment et pourquoi on punit et on protège les jeunes face aux addictions.

Vocabulaire

* **Prévention :** dispositions prises pour prévenir un danger.
* **Tabacologue :** médecin qui s'intéresse aux problèmes liés au tabac.

Thème 7

Je débats :
Peut-on devenir cyberdépendant ?

ACTIVITÉ A

Je réfléchis au sujet

1. Développer les aptitudes à la réflexion critique.

DOC. 1 Affiche de prévention de l'association Espace Pluriel Jeunes

DOC. 2 Concours Jeunes Créateurs "Affiche sur l'addiction"

Questions

1 DOC. 1 et 2 À l'aide des affiches ci-dessus, je complète le tableau ci-dessous.

	Doc. 1	Doc. 2
Quels sont les signes de cyberdépendance* visibles sur chaque affiche ?		
Quel slogan a été choisi pour chaque affiche ?		
Quelles formes de cyberdépendance dénonce chaque affiche ?		

2 Soulignez en **rouge** la réponse qui vous semble la plus proche de votre comportement.

3 Avec la classe, proposez des solutions pour chaque situation ci-dessous.

1. Vous passez le plus de temps :
a) Sur les réseaux sociaux.
b) À jouer en ligne.
c) À naviguer sur Internet.

2. Quand vous êtes connecté(e) :
a) Vous ne voyez pas le temps passer.
b) Vous n'entendez pas quand on vous parle.
c) Vous vous énervez si on vous déconnecte.

3. Combien de temps passez-vous chaque jour devant les écrans ?
a) Moins de deux heures.
b) Plus de deux heures.

4. Quand vous vous déconnectez :
a) Vous culpabilisez d'avoir passé autant de temps devant votre écran.
b) Vous vous sentez seul, pourtant vous ne voulez voir personne.

ACTIVITÉ B Je participe au débat

1. Développer les aptitudes à la réflexion critique.

Méthode

a En utilisant les réponses de l'activité A, la classe débat du sujet.
b Je note toutes les idées du débat dans les deux fiches ci-contre.
c J'entoure les arguments qui me semblent les plus intéressants.

Si les garçons jouent davantage que les filles, le temps passé devant l'écran est identique : les filles utilisent davantage les réseaux sociaux (source : Inserm).

Vocabulaire

*** Cyberdépendance** : dépendance à Internet.

« Peut-on devenir cyberdépendant ? »

Non, il n'y a pas de risque de devenir cyberdépendant, **car** ....

Oui, il y a un risque de devenir cyberdépendant **car** ....

Je fais le bilan

1. Développer les aptitudes à la réflexion critique.

À partir des notes prises pendant le débat, résumez votre point de vue sur le sujet.

Thème 7

Je passe à l'action :
Je réalise une brochure sur les conduites addictives

ACTIVITÉ A Je cherche des informations

ACTIVITÉ NUMÉRIQUE

2. Développer une conscience citoyenne.

À l'aide des sites www.drogues.gouv.fr et www.game-addict.org, rubrique « Méfaits », je complète le tableau ci-dessous.

Conduites addictives	Mode de consommation chez les adolescents	Risques et dommages occasionnés chez les adolescents
Alcool		
Tabac		
Cannabis		
Jeux vidéo/ Internet		

ACTIVITÉ B Je participe au choix des rubriques

1. S'engager et assumer des responsabilités.

À l'aide de la brochure ci-dessous, je choisis avec ma classe les différentes rubriques de notre brochure.

Rubriques possibles :

ACTIVITÉ C Je participe à l'organisation de notre travail

2/a- Expliquer le sens et l'importance de l'engagement.

Notre brochure comportera quatre pages (feuille A4 pliée en deux en format paysage)
Nous nous répartissons les différentes rubriques retenues et nous complétons les cadres ci-dessous à l'aide des informations de l'activité A.

Page 1	Page 2	Page 3	Page 4
Rubriques choisies :	**Rubriques choisies :**		**Rubriques choisies :**
Élèves responsables :	**Élèves responsables :**		**Élèves responsables :**

ACTIVITÉ D Je réalise mon travail

2/a- Expliquer le sens et l'importance de l'engagement.

J'utilise le cadre ci-contre pour écrire une rubrique de notre brochure.

Méthode

a Je me sers du cadre ci-contre comme brouillon.

b Je prévois un titre, des textes, des illustrations.

Tape ensuite ta rubrique sur ordinateur et pense à une mise en page colorée et dynamique.

Titre : ....

Illustration

Texte : ....

Thème 7

Je passe à l'action :
Je réalise une interview avec un(e) spécialiste des adolescents

ACTIVITÉ A Je découvre une intervention dans un collège

☐ 1/a- La sécurité des personnes.

DOC. 1 L'intervention d'une psychologue au collège Kervihan à Fouesnant

Mme Guillaume, psychologue de l'Association nationale de prévention en alcoologie et addictologie (ANPAA), est intervenue durant deux heures sur le thème des conduites addictives devant les classes de 4e.
Au cours de l'échange avec les élèves, ont été abordées les addictions aux produits les plus connues (alcool, tabac, cannabis), mais aussi les addictions comportementales (jeux vidéo, Internet, sport, TV…).
« L'objectif de ces interventions est de faire comprendre aux élèves comment un individu peut passer de l'usage à l'abus et surtout à la dépendance. Il s'agit donc d'aider les adolescents à renforcer les facteurs de protection (meilleure confiance en soi, résistance à la pression du groupe…) afin que cette rencontre avec les "tentations" ne se transforme pas en future dépendance », souligne Corinne Guillaume.

D'après le site www.collegekervihan-fouesnant.ac-rennes.fr

Questions

1. DOC. 1 Soulignez en rouge les sujets abordés par la psychologue en classe avec les élèves.
2. DOC. 1 Soulignez en bleu les objectifs de cette intervention.

ACTIVITÉ B Je me renseigne sur les professionnels de l'adolescence au collège

☐ 2. Prendre en charge des aspects de la vie collective.

Je complète les fiches ci-dessous.

Infirmier(ère)	Nom : …………………………
Jours et horaires de présence au collège	Pour quels problèmes peut-il(elle) m'aider ?
…………………………	…………………………
…………………………	…………………………

Médecin scolaire	Nom : …………………………
Jours et horaires de présence au collège	Pour quels problèmes peut-il(elle) m'aider ?
…………………………	…………………………
…………………………	…………………………

Assistant(e) social(e)	Nom : …………………………
Jours et horaires de présence au collège	Pour quels problèmes peut-il(elle) m'aider ?
…………………………	…………………………
…………………………	…………………………

ACTIVITÉ C Je réalise une interview

2/a- Expliquer le sens et l'importance de l'engagement.

Je prépare l'interview en suivant la méthode ci-dessous.

Méthode

a Je lis les questions ci-contre avant de faire l'interview.

b J'ajoute une question à la fin du questionnaire.

c Nous posons chacun notre tour des questions à la personne et je note ses réponses.

d Nous pensons à remercier la personne à la fin de l'interview.

1. Quelle profession exercez-vous ?

....

2. Quelles études avez-vous faites pour cela ?

....

....

3. Depuis combien de temps travaillez-vous ?

....

4. Selon vous, qu'est-ce qu'un adolescent ?

....

....

5. Quels sont les risques liés à cet âge ?

....

....

....

....

6. ....

....

....

Je fais le bilan du thème 7

À l'aide de l'ensemble des informations des **pages 52 à 61**, je complète le schéma ci-dessous en notant les éléments à retenir (*idées principales, dates, mots importants*).

Les conduites addictives

- La sensibilité – p. 52-53 → **Des adolescents face à la dépendance**
  - Le cannabis : surtout les garçons ....
  - Les autres addictions : ....
- Le droit et la règle – p. 54-55 → **Des lois pour punir et protéger**
  - Protéger : ....
  - Punir : ....
- Le jugement – p. 56-57 → **Peut-on devenir cyberdépendant ?**
  - Oui, car ....
  - Non, car ....
- L'engagement – p. 58-61 → **Je réalise**
  - Une interview : ....
  - Une brochure : ....

Programme d'Enseignement Moral et Civique du cycle 4

BO spécial n° 6, 25 juin 2015

La sensibilité : soi et les autres

Objectifs de formation
1. Identifier et exprimer en les régulant ses émotions et ses sentiments.
2. S'estimer et être capable d'écoute et d'empathie.
3. Se sentir membre d'une collectivité.

Connaissances, capacités et attitudes visées	Objets d'enseignement	Exemples de pratiques en classe, à l'école, dans l'établissement
1/a - Exprimer des sentiments moraux à partir de questionnements ou de supports variés et les confronter avec ceux des autres (proches ou lointains).	- Connaissance et reconnaissance de sentiments. - Connaissance et structuration du vocabulaire des sentiments moraux.	- Réflexions sur les différentes formes de racismes et de discriminations : partir d'une délibération du Défenseur des droits, d'un récit fictionnel ou de la vie quotidienne, de jeux de rôles, d'une recherche documentaire, d'œuvres artistiques, ou de la pratique de l'éducation physique et sportive. - La médiation scolaire : à partir d'une situation de tension dans une classe, travail mené par le professeur et le CPE avec le groupe d'élèves concernés, puis réflexion commune avec la classe (heure de vie de classe), puis travail écrit ou oral des élèves. - Étude d'une action en faveur de la solidarité sociale ou du développement durable.
2/a - Comprendre que l'aspiration personnelle à la liberté suppose de reconnaître celle d'autrui.	- Connaissance de soi et respect de l'autre, en lien avec l'éducation affective et sexuelle. - L'identité personnelle ; l'identité légale. - La question des addictions.	
3/a - Comprendre la diversité des sentiments d'appartenance civiques, sociaux, culturels, religieux.	- Expressions littéraires et artistiques et connaissance historique de l'aspiration à la liberté. - La francophonie. - Sentiment d'appartenance au destin commun de l'humanité.	
3/b - Connaître les principes, valeurs et symboles de la citoyenneté française et de la citoyenneté européenne.	- Citoyenneté française et citoyenneté européenne : principes, valeurs, symboles.	

Le droit et la règle : des principes pour vivre avec les autres

Objectifs de formation
1. Comprendre les raisons de l'obéissance aux règles et à la loi dans une société démocratique.
2. Comprendre les principes et les valeurs de la République française et des sociétés démocratiques.

Connaissances, capacités et attitudes visées	Objets d'enseignement	Exemples de pratiques en classe, à l'école, dans l'établissement
1/a - Expliquer les grands principes de la justice (droit à un procès équitable, droit à la défense) et leur lien avec le règlement intérieur et la vie de l'établissement.	- Le rôle de la justice : principes et fonctionnement. - Le règlement de l'établissement et les textes qui organisent la vie éducative.	- Du duel au procès, à partir d'exemples historiques ou littéraires. - L'usage d'Internet dans la vie sociale et politique. - Sensibilisation aux risques d'emprise mentale. - Élaboration d'un projet de règlement intérieur ou d'une modification de celui-ci. - Évolution de la perception de la place de l'enfant dans l'histoire. - La question du dopage à partir de plusieurs entrées relevant de la physiologie, de l'analyse des pratiques sociales et de la question du droit. - Participation à des audiences au tribunal.
1/b - Identifier les grandes étapes du parcours d'une loi dans la République française.	- La loi et la démocratie représentative. Leur lien avec la Constitution et les traités internationaux.	
2/a - Définir les principaux éléments des grandes déclarations des Droits de l'homme.	- Les différentes déclarations des Droits de l'homme. - Le statut juridique de l'enfant.	

Le jugement : penser par soi-même et avec les autres

Objectifs de formation

1. Développer les aptitudes à la réflexion critique : en recherchant les critères de validité des jugements moraux ; en confrontant ses jugements à ceux d'autrui dans une discussion ou un débat argumenté.
2. Différencier son intérêt particulier de l'intérêt général.

Connaissances, capacités et attitudes visées	Objets d'enseignement	Exemples de pratiques en classe, à l'école, dans l'établissement
1/a - Expliquer les différentes dimensions de l'égalité, distinguer une inégalité d'une discrimination.	- Les différentes dimensions de l'égalité. - Les différentes formes de discrimination (raciales, antisémites, religieuses, xénophobes, sexistes, homophobes...).	- Étude de l'influence des sondages d'opinion dans le débat public. - La question des médias : dans le cadre de la Semaine de la presse, mener une réflexion sur la place et la diversité des médias dans la vie sociale et politique, sur les enjeux de la liberté de la presse. - Travail sur la Charte de la laïcité. - Égalité et non-discrimination : la perspective temporelle et spatiale, la dimension biologique de la diversité humaine, sa dimension culturelle, l'expression littéraire de l'inégalité et de l'injustice, le rôle du droit, l'éducation au respect de la règle. - Exercice du débat contradictoire.
1/b - Comprendre les enjeux de la laïcité (liberté de conscience et égalité des citoyens).	- Les principes de la laïcité.	
2/a - Reconnaître les grandes caractéristiques d'un État démocratique.	- Les principes d'un État démocratique et leurs traductions dans les régimes politiques démocratiques (ex. : les institutions de la Ve République).	
2/b - Comprendre que deux valeurs de la République, la liberté et l'égalité, peuvent entrer en tension.	- Les libertés fondamentales (libertés de conscience, d'expression, d'association, de presse) et les droits fondamentaux de la personne. - Problèmes de la paix et de la guerre dans le monde et causes des conflits.	

L'engagement : agir individuellement et collectivement

Objectifs de formation

1. S'engager et assumer des responsabilités dans l'école et dans l'établissement.
2. Prendre en charge des aspects de la vie collective et de l'environnement et développer une conscience citoyenne, sociale et écologique.

Connaissances, capacités et attitudes visées	Objets d'enseignement	Exemples de pratiques en classe, à l'école, dans l'établissement
1/a - Expliquer le lien entre l'engagement et la responsabilité.	- Les responsabilités individuelles et collectives face aux risques majeurs. - La sécurité des personnes et des biens : organisations et problèmes.	- Semaine citoyenne à l'occasion de l'élection des élèves délégués : procédure des candidatures, rédaction des professions de foi, règles du vote. - Instances participatives associant les représentants des élèves. - Les citoyens face aux risques naturels : à partir d'exemples de séismes, mener un travail sur les parts respectives des aléas naturels, des contextes sociaux et politiques, des responsabilités individuelles et collectives. - À l'occasion du recensement des élèves âgés de 15 ans, faire comprendre le sens de cette opération, son lien avec la JDC et le rôle des citoyens dans la Défense nationale. - Étude d'une action militaire dans le cadre de l'Onu. - Création et animation de club ou d'association dans l'établissement, participation au foyer socio-éducatif et à l'association sportive.
2/a - Expliquer le sens et l'importance de l'engagement individuel ou collectif des citoyens dans une démocratie. **2/b** - Connaître les principaux droits sociaux.	- L'exercice de la citoyenneté dans une démocratie (conquête progressive, droits et devoirs des citoyens, rôle du vote, évolution des droits des femmes dans l'histoire et dans le monde...). - L'engagement politique, syndical, associatif, humanitaire : ses motivations, ses modalités, ses problèmes.	
2/c - Comprendre la relation entre l'engagement des citoyens dans la cité et l'engagement des élèves dans l'établissement.	- Le rôle de l'opinion dans le débat démocratique. - L'engagement solidaire et coopératif de la France : les coopérations internationales et l'aide au développement.	
2/d - Connaître les grands principes qui régissent la Défense nationale.	- La Journée défense et citoyenneté. - Les citoyens et la Défense nationale, les menaces sur la liberté des peuples et la démocratie, les engagements européens et internationaux de la France.	

Lexique

A

✱ **Allégorie :** une figure féminine représentant une idée. .... p. 5

B

✱ **Barricade :** barrage constitué d'objets divers dans le cadre d'un combat de rue. .... p. 5

✱ **Bénévole :** personne qui s'investit gratuitement dans une action. .... p. 47

✱ **Bonnet phrygien :** coiffure des esclaves affranchis dans l'Empire romain. Lors de la Révolution française, il symbolise la conquête de la liberté. .... p. 17

C

✱ **Censure :** interdiction de publier une information. .... p. 23

✱ **Charte :** ensemble de règles et de principes importants. .... p. 15

✱ **Cocarde :** insigne circulaire tricolore porté par les partisans de la Révolution française de 1789. .... p. 17

✱ **Crime :** infraction grave, passible de quinze ans de prison au minimum (meurtre, viol…). .... p. 31

✱ **Cyberdépendance :** dépendance à Internet. .... p. 57

D

✱ **Délit :** infraction passible de dix ans de prison au maximum (vols, violence…). .... p. 31

✱ **Détention préventive :** le suspect est mis en prison dans l'attente de son procès. .... p. 39

E

✱ **Équitable :** qui respecte les droits de chacun. .... p. 29

G

✱ **Greffiers :** personnes qui consignent par écrit les débats pendant un procès. .... p. 29

I

✱ **Infraction :** non-respect de la loi. .... p. 31

J

✱ **Jugement de Dieu (ou ordalie) :** épreuve physique censée déterminer la culpabilité ou l'innocence d'un accusé. .... p. 29

✱ **Juré :** membre du jury populaire composé de citoyens tirés au sort pour rendre la justice en cour d'assises. .... p. 37

L

✱ **Liberté de conscience :** droit de choisir librement sa religion. ... p. 13

✱ **Litige :** désaccord avec quelqu'un. .... p. 31

N

✱ **Non lucratif :** dont le but n'est pas de gagner de l'argent. ..... p. 47

O

✱ **Ostensiblement :** de manière visible. .... p. 15

P

✱ **Plaidoirie :** exposé des faits par un avocat lors d'un procès. .... p. 39

✱ **Prévention :** dispositions prises pour prévenir un danger. .... p. 55

✱ **Prosélytisme :** volonté d'imposer ses idées aux autres. .... p. 13

R

✱ **Récidive :** fait de commettre plusieurs fois la même infraction. p. 39

✱ **Relaxe :** abandon des poursuites judiciaires contre un accusé. ... p. 39

✱ **Reporters sans frontières (RSF) :** association d'aide aux journalistes. .... p. 21

S

✱ **Syndicat :** association qui défend les intérêts d'un groupe ou d'une profession. .... p. 47

T

✱ **Tabacologue :** médecin qui s'intéresse aux problèmes liés au tabac. .... p. 55

✱ **Tolérance :** fait de respecter la liberté et les opinions des autres. .... p. 13

✱ **Traite négrière :** commerce des Noirs que l'on vendait comme esclaves. .... p. 7

U

✱ **Unicef :** organisme international chargé notamment du respect des droits de l'enfant. .... p. 7

Achevé d'imprimer en France par Pollina - L11531
Dépôt légal : Août 2015 - Edition 01 - 19/7785/1